D1668807

Burkart

Die Botschaft des Eremiten

Axel Burkart

DIE BOTSCHAFT DES EREMITEN

Erzählung

ATLANTIS wird herausgegeben von
Hans Christian Meiser

Die Deutsche Bibliothek – CIP-Einheitsaufnahme
Burkart, Axel:
Die Botschaft des Eremiten : Erzählung / Axel Burkart. –
Kreuzlingen ; München : Hugendubel, 2002
(Atlantis)
ISBN 3-7205-2323-3

Umschlaggestaltung: Zembsch' Werkstatt, München,
unter Verwendung eines Motivs von Premium Düsseldorf
Produktion: Maximiliane Seidl
Satz: EDV-Fotosatz Huber/Verlagsservice G. Pfeifer, Germering
Druck und Bindung: Huber, Dießen
Printed in Germany

ISBN 3-7205-2323-3

Inhalt

DER MANN

Es ist die große Frage nach dem Geheimnisvollen, die man stellen muss, wenn man wissen will, was letztlich die Kraft ist, die immer wieder zum richtigen Zeitpunkt Dinge und Wesen zusammenführt, damit Wundersames geschehen kann.

Das Wundersame, von dem ich berichten möchte, ereignete sich, als ich mich in einem Stadium meines Lebens befand, in dem ich mich nach Frieden und Heilung sehnte. Meine Seele empfand ihre Situation als unerträglich. Alles erschien ihr ohne Sinn und Hoffnung.

Doch lebte neben meinen Gefühlen der Ausweglosigkeit noch ein stiller Funke der Hoffnung, getragen von den zarten Flügeln göttlichen Vertrauens und einer Hoffnung, dass es irgendwo auf dieser Welt etwas geben könnte, das Heilung bringen konnte, etwas, das im Inneren des Menschen schlummerte und das ihm die Kraft zu geben vermochte, wieder zu gesunden.

In dieser Zeit geschah es, dass ich wegfuhr in die Einsamkeit der Berge. Es war Sommer, und ich mietete mich für einige Wochen in einer abseits gelegenen Bergpension ein. Dann ging ich hinaus in die freie Natur. Ich wollte nicht mehr denken, nur noch erleben.

Und irgendwann ereignete es sich: Auf einem meiner Spaziergänge sah ich jemanden auf einer Bank am Wegesrand sitzen. Es war ein Mann, groß und hager, mit kahlem, ungewöhnlich großem Kopf, sehr markanten Gesichtszügen und lebendigen Augen.

Obwohl er eher abweisend wirkte, konnte ich nicht anders: Wie ein von einem Magneten angezogenes Eisenstück ging ich auf den Mann zu und setzte mich neben ihn. Er schaute mich kurz an und sagte dann mit einer erstaunlich sanften Stimme die wenigen Worte:

»Komm in zwei Stunden wieder und bringe etwas zu schreiben mit.«

Ohne zu fragen erhob ich mich und tat, was er mir aufgetragen hatte. Natürlich muss ich auf dem Weg nachgedacht haben, weshalb ich seinen Anweisungen folgte. Aber ich weiß es einfach nicht. Ich weiß nur, dass ich zwei Stunden später mit Papier und Schreibzeug wieder auf der Bank saß.

»Du bist ein Suchender«, begann er. »Du bist hungrig nach Erkenntnis. Du suchst nach dem Wissen der Heilung, und deshalb bist du hier. Ich habe dich erwartet und freue mich, dir Worte mitgeben zu dürfen, die den Menschen helfen. Schreibe einfach auf, was ich dir sage und gib es weiter.«

Und so begann ich zu schreiben, was er mir diktierte. Seine Worte flossen dabei ohne jegliches Stocken, und es schien, als lausche er ganz still und hole sie von weit her, aus Regionen, die uns normalerweise verschlossen sind. Vielleicht stammten sie von dorther, wo jegliches Wissen zu Hause ist.

Was auch immer ich fragte, er schien die Antwort zu kennen. Und so möchte ich hier wiedergeben, was er meinem Herzen anvertraute, weil er spürte, dass ich sein Vertrauen nicht missbrauchen würde und begierig danach war, von ihm zu den tiefen Geheimnissen des Lebens geführt zu werden.

Meine erste Frage galt dem Ursprungsort dieser Geheimnisse, dem Universum, und die Worte des Mannes drangen in mich wie ein Pfeil, dessen Spitze nicht in Gift, sondern in das Wasser der Heilung getaucht war.

UNIVERSUM

»Wir leben in einer Zeit, da viele Menschen glauben, Gott aus der Welt verbannt und überflüssig gemacht zu haben. Doch gleichzeitig ist die Sehnsucht nach Gott unter ihnen ungebrochen, wobei ein jeder sein eigenes Bild von dem in sich trägt, was als Gott bezeichnet wird.

Die Frage, ob Gott existiert oder nicht, erscheint ebenso unsinnig wie die Frage, ob ich existiere, während du vor mir sitzt. Denn Gott ist dieses Universum, die Galaxien erscheinen wie seine Glieder und Organe und die Sonnen und Planeten als seine Zellen, während sein Geist uns unsichtbar bleibt, wie auch mein Geist vor deinen Augen verborgen ist. Wo soll der Unterschied sein?

Würdest du sagen, ich existiere nicht, weil du meinen Geist nicht siehst?

Gott besitzt einen Körper, dieser ist das Universum, und wir erleben Gott daher in jedem Augenblick. Wir sind ein Teil seines Körpers, so wie unser Geist Teil seines Geistes ist, und unsere Seele Teil seiner Seele, weshalb wir wissen sollten, dass Gott in *jedem* Moment zu uns spricht. Wir müssen ihn nicht suchen.

Unser menschlicher Körper ist ebenso ein Universum. Seine Zellen sind die Planeten, seine Gewebe sind die Sterne und Sonnensysteme, seine Organe die Galaxien. So wie alle Zellen miteinander ein Bewusstsein schaffen, das wir Mensch nennen, so schaffen alle Sterne, alle Sonnensysteme, alle Galaxien im Universum ein Bewusstsein, das wir Gott nennen, und so wie der

Mensch *ein* Wesen ist, so ist auch Gott *ein* Wesen. Bedenke dabei die Größe des Universums. Dann ahnst du vielleicht die Größe Gottes.

Wir können es auch anders sehen: Der Mensch *ist* ein Bewusstsein, das sich seinen Körper schafft, um sich in einer Erfahrungswelt innerhalb der Materie widerzuspiegeln. Der Körper des Menschen ist der Spiegel seines reinen Bewusstseins, sein Universum. Das Universum wiederum ist der Spiegel Gottes, der Spiegel seines inneren Wesens.

So, wie unser Körper kommt und vergeht, kommt und geht auch dieses Universum. Was aber ewigen Bestand hat, ist das, was immer wieder den Spiegel herbeizaubert: das Bewusstsein Gottes.

Der Mensch ist ebenso ein Bewusstsein, das sich sein Universum schafft, um sich zu erkennen. Der Mensch ist eine Symphonie der Verschiedenheit, ein einzigartiger Vers in einer kosmischen Hymne, ein wunderbarer Gesang, eine einmalige Melodie, ein besonderes Wort, ein Buch, das nur ein einziges Mal geschrieben wird.

Tausende, Abertausende kleinster Zellen fügen sich zusammen zu dem einzigen unsterblichen Lied: Mensch. Wer das leugnet, leugnet seine eigene ewige Größe. Er verneint sich selbst. Der Mensch ist ein Bewusstsein, das in der Lage ist, nicht nur den menschlichen Körper zu gestalten, sondern auch die Welt und in ihr Kunst, Kultur, Wissenschaft und Technik. Dies ist seine Größe, die in seiner Schöpferkraft verborgen liegt.

So wie die Myriaden von Zellen das Individuum Mensch bilden, so verbinden sich die Myriaden von Zellen des Universums, die Sterne, Planeten, Sonnensysteme und Galaxien zu einem einzigen Bewusstsein, zu Gott.

Wir tragen dieses Wissen in uns, so wie die Zelle das Wissen des Menschen in sich trägt. Was ist ein Tropfen Wasser in einem Ozean? Er *ist* nichts anderes als der Ozean, und so wie in einem Tropfen Wasser der ganze Ozean geborgen ist, so erkennen wir im Wissen um den Menschen die Unendlichkeit Gottes.

Wir sind eine Zelle Gottes, wir sind die Bausteine, die das Wissen des Allumfassenden in sich tragen. Deshalb wissen wir, wer und was Gott ist, und deshalb wissen wir um unsere Größe, unsere Ewigkeit und unser göttliches Wesen. Daraus resultiert unser Schöpfertum, unsere Ahnung, unser Geist und unser Anspruch auf *vollkommene* Heilung.«

WORTE

Er, der mit sehr ruhiger, fließender Stimme gesprochen hatte, schaute mich jetzt an und nickte:

»Ja, genauso muss es geschrieben werden.«

Mir brannten so viele weitere Fragen auf der Zunge. Doch er winkte ab, bevor ich den Mund öffnen konnte, und schüttelte den Kopf:

»Wir sehen uns später wieder.« Dann ging er.

In der folgenden Zeit wiederholte sich dieser Vorgang tagtäglich. Als ich ihn einmal nach der Kraft fragte, die seinen Worten innewohnte, antwortete er:

»Worte bilden im Geist die Kraft, die alles in die rechte Ordnung bringt für denjenigen, der es zulässt. Nichts gibt es, was der Geist nicht heilen kann. Denn aus dem Geist ist alles geworden, auch die Krankheit. Deshalb wird aus ihm auch die Gesundheit kommen. Die Worte richtig und oft angewendet, verscheuchen jede Krankheit.

In Zeiten des Kummers vertreiben sie Leid, in Zeiten des Glück, erhalten sie das Glück. Kein großes Nachdenken ist nötig, es ist nur erforderlich, die Worte ins Bewusstsein zu holen. Die Menschen brauchen nichts zu wollen und zu erbitten, sondern nur die Worte ihrem eigenen Geist zu überlassen. Er wird das Seine tun. Die Worte werden wirken, und die Menschen ihren Weg finden.«

Ich befragte ihn dann nach dem, was uns alle bewegt: Angst. Ich fragte ihn nach dem Ursprung jenes Gefühls, das uns verzagen lässt und die Welt in ihrem Bann zu halten scheint und wie wir es besiegen können.

»Diese Frage ist es wohl, um die sich alles dreht: Woher stammt unsere Angst, und wie können wir sie besiegen? Nichts bewegt die Menschen mehr als dieses Problem, auch wenn sie sich dessen oft nicht einmal bewusst sind. Wenn wir diese Frage beantworten könnten, hätten wir wahrscheinlich alle Probleme gelöst, die uns Sorge bereiten. So lass uns sehen, ob wir eine Antwort darauf finden«, meinte er nickend.

Er schwieg eine Weile, hörte in sich hinein und begann dann sein Wissen weiter zu enthüllen.

FÜLLE

»Das Universum ist Fülle. Unbegrenzte Energie, jenseits des Vorstellungsvermögens des Menschen, durchdringt alles. Längst hat der Mensch entdeckt, dass auch im kleinsten Atom eine unvorstellbare Menge an Energie wohnt. Bedenke also, welche Energie damit in einer einzigen Zelle des menschlichen Körpers beherbergt ist. Bedenke weiter, welche Energie im Körper eines Menschen schlummert, der aus unendlich vielen Zellen besteht. Und nun bedenke die Energie in diesem Universum! Es gibt nur ein Wort dafür: Fülle.

Fülle ist der Urgrund allen Seins, allen Lebens. Es ist der natürliche Zustand eines jeden Atoms, eines jeden Lebewesens, eines jeden Menschen. Fülle ist der natürliche Zustand des Geistes. Verfügen wir nicht über unbegrenzte Gedankenenergie? Denken wir nicht jeden Tag unglaublich viele Gedanken? Gibt es irgendeine Begrenzung dieser Energie?

Gott ist die Fülle, er hat aus der Fülle seiner Existenz die Fülle des Universums geschaffen. Das Universum ist nichts anderes als Gottes ruhende Energie, die jenseits aller messbarer Größe und Vorstellung liegt, in schöpferische Bewegung gebracht.

Fülle ist das Geburtsrecht eines jeden Lebewesens und vor allem das des Menschen. Wir sind die Fülle, wir leben in der Fülle, wir können diese Fülle in jedem Moment nutzen.

Nie wird es eine Zeit geben, da der Mensch nicht Anspruch hat auf die Fülle des Universums.

Wenn wir diese Fülle anerkennen, ja zulassen, kann es keine Angst geben. Angst existiert nur in einem Geist, der die Fülle verneint. Angst ist nichts anderes als ein Ausdruck dafür, dass wir die Fülle nicht annehmen. Das ist ihr Geheimnis. Wir besitzen die Freiheit der Verneinung und die Freiheit der Bejahung. Bejahen wir die Fülle, die uns beständig umgibt, werden wir keine Angst mehr kennen, keine Krankheit und kein Leiden. Denn es gibt nur die Fülle, und wir sind in sie eingebunden. Du hast die Freiheit der Entscheidung. Entscheide dich also für die Fülle.«

»Ja, aber was ist mit der Gerechtigkeit«, begehrte ich auf. »Die Ungerechtigkeit bereitet den Menschen so viel Kummer, Verzweiflung und Angst. Wie sollen sie der Fülle vertrauen, wenn sie sehen, wie ungerecht sie oft behandelt werden?«

Wieder schwieg er eine Weile, beugte sich dann zu mir herüber und sprach mit leiser Stimme.

GERECHTIGKEIT

»Gerechtigkeit ist der Anker dieses Universums.

Sieh, die Größe des Menschen erkennen wir auch daran, dass er es ist, der die Gesetze der Natur, des Universums entdecken konnte. Nur der Mensch hat diese Fähigkeit. Alle anderen Wesen *leben* die Gesetze. Dies ist der Unterschied. Nur das menschliche Wesen besitzt das Organ der Erkenntnis.

Was aber bedeuten Naturgesetze? Sie bedeuten, dass alles im Universum ausschließlich geordnet abläuft. Geordnet sein aber heißt, dass alles seine Ordnung hat! Siehst du die Bedeutung? *Alles hat seine Ordnung.*

Deshalb gibt es keine Ungerechtigkeit. Im Universum existiert nur Gerechtigkeit, denn alles läuft nach Gesetzen ab. *Alles hat seine Ordnung. Alles ist in Ordnung!*

Wir brauchen uns keine Sorgen zu machen, ob irgendein Geschehen in diesem Universum nicht seinen gerechten Ausgleich hat.

Dass viele Menschen immer noch den Glauben an die Ungerechtigkeit besitzen, liegt nur daran, dass sie noch nicht alle Gesetze entdeckt haben, vor allem die Gesetze des Geistes. Diese existieren aber ebenso wie diejenigen der Materie.

Und was ist ein Naturgesetz anderes als etwas Geistiges? Naturgesetze kann man weder hören, fühlen, sehen, schmecken oder riechen. Trotzdem existieren sie, und man hat sie entdeckt und bewiesen.

Wenn Naturgesetze aber existieren und nicht materiell sind, was sind sie dann? Sie müssen also geistiger Natur sein, Deshalb haben wir auch in der Naturwissenschaft entdeckt, dass der Geist es ist, der die Materie regiert! Erkennst du den Zusammenhang?

Weil alles von Gesetzen der Natur geregelt wird, kann es nichts anderes als Gerechtigkeit geben, denn Gerechtigkeit bedeutet, dass jedes Tun seine Wirkung und seine entsprechende Gegenwirkung hat.

Könnte es irgendeine berechtigte Annahme geben, dass dies nicht für alles Geschehen und deshalb auch für menschliche Taten gilt?«

Ich sah ein, dass er Recht hatte. Trotzdem war ich von der Fülle seiner Gedanken verwirrt und beschloss, es für heute gut sein zu lassen, um das, was er mir anvertraut hatte, erst einmal in mir zu ordnen.

EINSAMKEIT

Am nächsten Morgen befragte ich meine Wirtin über den Mann, der mir im Wald begegnet war.

»Ja, das ist der Eremit«, meinte sie. »Er kam vor etwa zehn Jahren hierher. Er bezog damals ein kleines Jagdhaus, und seit dieser Zeit lebt er dort. Offensichtlich war er todkrank, ist aber dann plötzlich wieder gesund geworden. Schließlich begann er, Menschen zu helfen. Für mich ist er so etwas wie ein Heiler. Ich bewundere ihn, denn er gehört zu den wenigen Menschen, die nichts besitzen und doch alles erhalten, was sie benötigen. Ich habe dabei immer das Gefühl, dass in einem solchen Leben das Geheimnis wahrer Freiheit liegt.«

Ich sprach ihn bei unserem nächsten Treffen auf seine Geschichte an. Er schmunzelte. »Ja, ich hatte eine ziemlich schwierige Phase durchzustehen. Die Ärzte hatten mir offenbart, dass ich nur noch wenige Monate zu leben hätte. Mein sehr erfolgreiches Karriereleben hatte seinen Preis eingefordert.

Da erinnerte ich mich der Indianer, die zu solchen Zeiten den Rückzug antreten und sich in den Wäldern zum Sterben legen. So vermachte ich mein Vermögen meiner Familie und suchte in einer Jagdhütte Zuflucht, um die letzten Wochen meines Lebens alleine und in Würde zu verbringen.

In meiner Einsamkeit aber erschlossen sich mir nach und nach die Geheimnisse des Lebens, da ich zum ersten Mal überlegt danach fragte. Ich begriff dabei, dass meine Heilung im Loslassen all meiner falschen Vorstellungen lag.«

LOSLASSEN

Damit hatte er mir ein Stichwort gegeben: Loslassen. Ich fragte ihn weiter nach dem Rätsel des Loslassens, das uns alle zu irgendeinem Zeitpunkt des Lebens beschäftigt. Nach einer Weile meinte er:

»Festhalten ist nur ein Ausdruck der Angst, von der wir sprachen. Wir halten fest, seien es Sachen, Beziehungen oder Menschen, weil wir glauben, unsere Existenz und unser Glück hinge davon ab. Wir kämpfen um Dinge und glauben, dass wir mit unserem Willen alleine bestimmen könnten, wohin die Welt sich bewegen solle, und handeln uns damit die Unbill des Lebens ein. In dem Moment aber, da wir loslassen und uns der ordnenden Kraft dieses Universums überlassen, geschehen plötzlich wundersame Dinge, und die Angelegenheiten regeln sich ohne Mühe.

Ich erinnere mich an ein Geschehnis in meiner frühesten Kindheit. Ich hatte auf dem Boden zwei kleine Runde Scheiben aus Metall gefunden. Sie schienen wunderbar zueinander zu passen. Also nahm ich sie in beide Hände und drückte sie zusammen. Das ging auch bis zu dem Punkt, an dem sie plötzlich wegrutschten, als ob sie nichts miteinander zu tun haben wollten. Ich probierte es wieder, doch nichts änderte sich. Ich verstand nicht, welche Kraft da wirkte, dass sich diese zwei kleinen Scheiben der Kraft meiner Hände widersetzten. Ich hielt sie ganz fest und presste sie mit aller Kraft zusammen, doch kaum ließ ich etwas locker, strebten sie sofort wieder auseinander. Ich versuchte es immer wieder und immer verbissener, bis mir vor Wut und Enttäuschung die Tränen kamen. So saß ich dort auf dem Boden unseres Wohnzimmers, ich war vielleicht drei Jahre alt und völlig verzweifelt. Doch dann nahm ich die beiden Scheiben und warf sie wutentbrannt auf den Boden. Sie rollten nebeneinander her und plötzlich, wie von Geisterhand geführt, näherten sie sich gegenseitig an, vereinigten sich und ruhten schließlich nach einer kurzen Weile eng aneinander gepresst auf dem Boden. Ich war so über diesen Zauber erstaunt, dass ich lange Zeit völlig regungslos und staunend auf dem Boden saß, bis meine Mutter mich fand. Erst lange Zeit danach begriff ich diesen Zauber, dessen Geheimnis der Magnetismus ist.

In jenen Tagen der Einsamkeit in meiner Hütte habe ich mich daran erinnert, wie wir mit dem Leben und seinen geheimnisvollen Kräften umgehen. Wir glauben, etwas festhalten zu müssen, anstatt zu lernen, dass wir durch das Loslassen zum richtigen Zeitpunkt das Ziel erreichen. Es ist unsere Angst, das Zweifeln an der Fülle unseres Lebens, dass wir glauben, weniger würde auf uns warten, wenn wir etwas losließen.

Es wartet nie weniger auf uns als die Fülle, und wir brauchen daher an nichts festzuhalten, was weniger als die Fülle ist. Jedes Festhalten verhindert, dass die Fülle fließen kann.

Je tiefer ich in diesen Tagen in mich ging, desto mehr entdeckte ich auch, dass ich mich dadurch selbst heilen konnte. Ich sah meinen Geist und meine Seele – und beide zeigten mir, dass es mir unmöglich war, die Hoffnung aufzugeben.«

Damit beließen wir es für diesen Tag. Ich hatte ernsthaft nachzudenken. Doch mit seinen letzten Worten hatte er bereits einen Hinweis für die Fortsetzung unseres Gesprächs gegeben.

HOFFNUNG

»Herrlich ist die Erkenntnisfähigkeit des menschlichen Geistes. Sie hat die Gesetze des Universums und damit die göttlichen Gesetze entdeckt. Ich spreche bewusst von göttlich, obwohl wir uns scheuen, diese Worte zu verwenden. Wir sprechen nur von Naturgesetzen und ganz abstrakt von Natur. Doch welche Intelligenz und Weisheit muss diese ›Natur‹ haben, dass sie dieses wundervolle Universum hervorbringen kann? Schön wäre es, wenn wir wieder zu jener Ehrfurcht gegenüber der Schöpfung zurückkommen würden, die unser Herz in befreiende Regionen erhebt.

In der Gewissheit, dass hinter den äußeren Erscheinungen eine Intelligenz dieses Universum lenkt, liegt auch die Hoffnung für den Menschen.

Denn ein jeder, der etwas schafft, wird doch immer dafür sorgen, dass dieses Geschaffene blüht und gedeiht, nicht wahr? Wenn wir aus unserer Liebe heraus etwas in die Welt setzen, wie wir es zum Beispiel mit unseren Kindern tun, dann werden wir alles für unsere Schöpfung unternehmen, damit sie sich prächtig entwickelt. Denn dies ist der Zweck der Schöpfung. Deshalb können wir auch unbegrenzter Hoffnung sein.

Sie wohnt in jedem von uns, wie ein nie erlöschender Funke. Sie ist uns mitgegeben und wird uns nie verlassen. Hoffnung ist der göttliche Funke, der in tiefster Dunkelheit zu jeder Zeit und an jedem Ort zu einem wärmenden Feuer für die frierende Seele entfacht werden kann.

Sie wird gespeist aus unserem tiefen Wissen um die Gerechtigkeit und die Fülle des Lebens, und sein Brennstoff ist der Glaube. Zu jeder Zeit, an jedem Ort ist er uns verfügbar. Und auch hier gilt wieder das Gesetz der Freiheit. Wir haben die Wahl, den Funken zur Glut zu entfachen oder ihn schlummern zu lassen. Es liegt in unserer Entscheidung,« meinte er sehr nachdenklich.

»Ich hatte das Glück in meinem Leben, einem sehr weisen Menschen begegnet zu sein, als ich nach Rat suchte, den ich aber leider nicht einhielt. Er meinte damals, einige Menschen sähen das Leben so, dass jedem Tag die Nacht folge, weshalb alles stets in Dunkelheit ende. Andere sähen die Sache so, dass jeder Nacht der Tag folge, also alles im Licht endet. Die Wahrheit aber wäre, meinte er, dass die Sonne immer scheine, ob bei Tag oder Nacht. Und für die Wolken, welche die Sonne überschatten mögen, gäbe es den Wind. Der Wind würde in jedem Falle die Wolken vertreiben. Wenn dich die Wolken also stören, dann setze dich in Ruhe hin und warte bis der gnädige Wind kommt und sie vertreibt. Hoffnung bedeutet, zu wissen, dass der Wind kommen wird. Ich habe das nicht ernst genommen, nicht verstanden und nicht geglaubt, bis es zu meinem Zusammenbruch kam. Dann musste ich mich entscheiden, ob ich seinem Rat folgen oder im Leiden untergehen sollte.«

»Ich hatte damals die Wahl«, fuhr er fort, »zu sterben oder aber mich dem Leben hinzugeben. Als ich mich für das Leben entschied und wieder völlig gesund wurde, da begann ich zu glauben.«

GLAUBE

»Glaube ist der Zwilling der Hoffnung. Erst wenn er zur Gewissheit wird, kann der Wissende entstehen. Wenn er erkennt, dass er nichts weiß, wird er zum neugeborenen Glaubenden. Denn er *weiß* jetzt vom Glauben. Er hat das Wissen erlebt und erfahren, dass Wissen keine Grenzen hat, und dies bewirkt seinen Glauben.

Wie können wir ein Leben verbringen, das vom Wissen alleine getragen wird? Es ist nicht möglich. Ein geflügeltes Wort sagt: ›Ein Mensch mit Bücherwissen ist wie ein Esel, der unter einer großen, aber wertvollen Last stöhnt, ohne sich ihres Wertes bewusst zu sein.‹ Wissen ist ein Geschenk an den Menschen. Es bringt die Freude über die Erkenntnis der Schöpfung Gottes. Es bringt Gewissheit. Gewissheit aber ist auch Glauben. Glaube ist das, was uns zu jeder Zeit die Gewissheit der Geborgenheit gibt.

Glaube und Hoffnung gepaart geben uns die Unbesiegbarkeit im Leben. Dort, wo Glaube und Hoffnung zusammenwirken, gibt es kein Leiden. Beide existieren nie getrennt voneinander. Sie sind ein unzertrennliches Paar. Hoffnung kann ohne Glauben nicht sein, Glaube nicht ohne Hoffnung. Deshalb ist es der Brennstoff des Glaubens, der den Funken der Hoffnung wecken kann. Wenn wir uns dem Glauben öffnen, gibt es keinen Platz mehr für Verzweiflung.

Glaube und Hoffnung sind das Zwillingspaar der Gesundheit, wenn sie mit ihrer Schwester, der Liebe, vereinigt wird.

Glaube ist der Anker, den wir zu jeder Zeit auf stürmischer See auswerfen können, um einen festen Halt zu finden. Ohne den Glauben jedoch werden wir zu einem Spielball der Gewalten.

Wie aber, so fragen wir immer wieder, finden wir zum Glauben? *Wie* sollen wir glauben, an *was* sollen wir glauben, angesichts des Leids in dieser Welt? Die Antwort geben uns die Liebe und die Vernunft.

Unser Herz weiß ganz genau, woran es zu glauben hat, denn es fühlt die Wahrheit. Es fühlt die Größe und die Stärke des Lebens. Wenn der Verstand den Vorschlag macht, anstatt des Glaubens an den Tod den Glauben an das Leben zu wählen, und anstatt des Glaubens an ein totes Universum den Glauben an ein Universum voller Leben, dann sollten wir ihm folgen. Wenn der Verstand eingesetzt wird, wird er offenbaren, dass es in jedem Falle klüger ist, die zweite Wahl zu treffen, und er wird es nicht nur mit Logik begründen, dass wir uns dann glücklicher fühlen, sondern auch damit, dass es stets die Liebe ist, jene geheimnisvolle, unerforschte Kraft des Herzens, die letztlich den Glauben bewirken wird.«

LIEBE

» Liebe ist das Wurzelwerk des Lebensbaums. Liebe versorgt uns mit allem, was wir benötigen. Liebe ist diejenige Kraft, über die am wenigsten Worte zu machen sind. Liebe ist das Bindeglied, das alles im Universum miteinander zu einer Einheit verknüpft.

Welch eine Kraft also muss die Liebe sein, wenn sie das ganze Universum vereint! Und diese unendliche Kraft steht uns zur Verfügung! Sie ist es, die unseren Körper zusammenhält als ein gesundes Ganzes, ein Universum von Atomen. Sie ist die wunderbarste Energie, die sowohl dieses Universum durchströmt als auch unseren Geist und unsere Seele.

Die Liebe ist aber auch die mächtigste Waffe im Universum, denn nur sie garantiert Unbesiegbarkeit.

Liebe ist uns gegeben. Es liegt an uns, sie anzuwenden oder nicht. Nutzen wir sie, schaffen wir Einheit und Zusammenhalt. Vergeuden wir sie, vergeben wir die Chance, zu einer größeren Einheit zu erwachen.

Das ganze Universum ist ein Ausdruck der Liebe. Es ist die Fähigkeit der Liebe zu sich selbst, die den Schöpfer veranlasst, aus sich heraus unaufhörlich zu erschaffen. Deshalb ist der Schöpfer gleichzeitig Vater und Mutter, die alles, was sie geschaffen haben, lieben.

Wo Liebe ist, da sind auch Fülle, Glaube, Hoffnung und Vertrauen.

Die Liebe verbindet den Baum des Lebens mit dem grenzenlosen Universum und nährt ihn. Durch ihre Wurzeln stehen uns alle Gaben des Universums zur Verfügung.

Der einzige Weg zur Heilung ist daher die Liebe. Die Liebe zu uns selbst, die Liebe zu unserem Tempel, dem Körper, die Liebe zu dem, was wir sind und wie wir sind. Sie ist die Basis für *vollkommene* Heilung und Gesundheit.

Wo Liebe ist, hat Krankheit keinen Platz. Da wir aber in jeder Zelle unseres Körpers unendliche Liebe tragen, gibt es nichts Einfacheres, als gesund zu werden.«

»War es also die Liebe, die dich wieder gesund werden ließ?«, fragte ich den Mann, nachdem ich seine Worte voller Freude vernommen hatte.

»Ja«, antwortete er. Und nach einer Weile des Nachdenkens fügte er hinzu: »Ich entdeckte die Liebe zum Leben und damit zu mir selbst. Das war der wichtigste Schritt, mich selbst anzunehmen und zu lieben, in allen Fasern meines Seins. Und es war das Vertrauen, das die Liebe trug. Vielleicht möchtest du auch wissen, was Vertrauen eigentlich bedeutet.«

VERTRAUEN

»Wenn wir in diese Welt kommen, betreten wir sie mit einem unbegrenzten Maß an Vertrauen, an Vertrauen in die Liebe unserer Eltern. Denn wir kommen aus einer göttlichen Welt der Liebe. Später haben wir oftmals das Gefühl, dass uns dieses Vertrauen genommen wurde, weil wir enttäuscht wurden. Wir haben erfahren müssen, dass es diese Liebe, die wir erwartet haben, anscheinend nicht gab.

Wozu haben wir also Vertrauen gehabt? Wir haben darauf vertraut, dass alles, was auf dieser Erde im Äußeren geschieht, aus Liebe geschieht, dass es also nichts Böses gibt. Doch dann mussten wir erleben, dass es sich anders verhält. Denn wir treten auf Erden in eine Welt der menschlichen Freiheit, und diese erlaubt Licht und Schatten. So werden wir enttäuscht, was aber nichts anderes heißt, als dass die Täuschung verschwindet! Und wir erkennen mit dem Wachstum in unserem Leben den Wert der Dunkelheit, denn wir spüren den Wert des Lichts, wenn wir aus dem Dunkel wieder heraustreten. Wir erleben die Wertschätzung der Gesundheit, wenn wir die Krankheit hinter uns lassen und erleben die Freude des Glücks, wenn der Schmerz nachlässt. Und plötzlich kehrt das Vertrauen zurück.

Vertrauen ist die erwachsen gewordene Hoffnung. Was sich als zarter Keim, als Funke Hoffnung zeigte, ist zu einem Stamm geworden, zu einem Stamm des Lebensbaums, der seine Wurzeln tief in der Unendlichkeit des Universums ausgebreitet hat. Und wir nehmen dieses Vertrauen mit, um es an andere weitergeben zu können.

Vertrauen ist der Bund der Ehe, den wir mit dem Universum, der Schöpfung eingehen. Eine Trauung fand statt, und sie ist ein ewiger Bund.

Vertrauen kann uns niemand nehmen. Vertrauen kann wachsen und abnehmen, je nachdem, wie wir es zulassen. Wachstum ist ein Bestandteil der Entwicklung, und damit Vertrauen grenzenlos werden kann, muss vieles geschehen. Erst wenn wir immer wieder erlebt haben, dass Dunkelheit zu jeder Zeit vom Licht besiegt wird, wächst Vertrauen in jene Dimension, die es uns erlaubt, die größten Werke zu schaffen, die der Geist sich vorstellen kann. Und je größer die Werke, desto größer muss das Vertrauen sein. Deshalb wird es nie ein Ende des Wachstums an Vertrauen für uns geben. Vertrauen, Gottvertrauen und Selbstvertrauen sind dasselbe, denn Vertrauen in Gott ist identisch mit Vertrauen in dein Selbst, das vor allem nach überstandenen Lebenskrisen zurückkehrt.

Tief in uns findet dabei ein Vorgang statt, der uns dieses Vertrauen wiederbringt, ohne dass wir uns dessen bewusst sein mögen: Wir begreifen den tiefen Sinn allen Lebens. Wir begreifen den Vorgang des Ausgleichs und der Gerechtigkeit, den Sinn aller Geschehnisse und dabei die unfassbare Weisheit, mit der dieses Universum regiert wird. Unser Vertrauen kehrt immer wieder zurück, auch weil wir es ohne Unterlass in uns tragen. Es hat uns nie verlassen, wir haben es nur übersehen.«

Nach diesen Ausführungen brannte mir eine weitere Frage auf der Seele.

»Du sprachst von der Gerechtigkeit und den Gesetzen des Ausgleichs, auf die wir vertrauen können. Ich spüre aber, dass die Menschen auch eine gewisse Angst haben vor jenen unerbittlichen Gesetzen. Sie haben die Freiheit bekommen, sich zu entscheiden, werden dann aber immer wieder scheinbar dafür bestraft, wenn sie diese benutzen. Über ihr schlechtes Gewissen baut sich so viel Schuldgefühl dabei auf, dass man darunter leidet.«

»Du sprichst eines der wichtigsten Geheimnisse an«, entgegnete er, »doch es zeigt sich uns eine wunderbare Lösung, die sich in dem findet, was wir Gnade nennen.«

GNADE

»Gerechtigkeit durchdringt die Schöpfung Gottes. Gerechtigkeit bedeutet, dass alles seine Ursache und Wirkung hat. Das kosmische Echo auf dieses Wechselspiel ist die Basis für die Harmonie des Universums.

Doch jenseits der Gerechtigkeit wirkt noch etwas Höheres, nämlich die Gnade.

Gerechtigkeit wird durch die Gesetze bewirkt, Gnade aber bewirkt der Schöpfer der Gesetze! Nur derjenige, der die Gesetze geschaffen hat, kann auch über die Gesetze hinaus wirken. Das ist die eigentliche Größe Gottes und unsere größte Hoffnung: dass jenseits der Gesetze und ihrer Gerechtigkeit Gnade wirken kann.

Das Prinzip, das auch ein menschlicher Herrscher in Anspruch nehmen kann, muss unabdingbar für den kosmischen Herrscher gelten: Gnade vor Recht ergehen zu lassen, Gnade zu gewähren. Glauben wir, uns über den Schöpfer stellen zu können, indem wir nur unseren Herrschern dieses Recht zugestehen?

Göttliche Gnade ist das allerhöchste Geschenk, das allerhöchste Gut, das dem Menschen gewährt werden kann. Es liegt außerhalb der Reichweite seiner menschlichen Macht. Diese Gnade ist einzig und allein jener Instanz vorbehalten, welche auch die kosmischen Gesetze erschaffen hat.

Deshalb kann der verlorene Sohn zurückkehren, als ob nichts geschehen wäre. Ganz gleich, welche Ursachen wir bewirken und welche Folgen daraus entstehen, gibt es jenen Segen, den wir Gnade nennen. Gnade ist zutiefst verbunden mit der Liebe und der Vergebung.

Gott kann jederzeit Gnade walten lassen, denn er ist die Liebe.

Darin liegt die ganz große Hoffnung für uns, dass jenseits aller Taten und ihres gerechten Ausgleichs die Gnade wirken kann, die mit einem göttlichen Entschluss der Liebe den Ausgleich schafft, ohne die Gesetze in Anspruch zu nehmen. Dies ist das höchste Gesetz, das Gesetz der Gnade, das jenseits aller anderen Naturgesetze wirkt.

Gnade ist das Merkmal Gottes, Verzeihung seine menschliche Seite. Sie kann die Seele von allem entlasten.

Gnade ist ein einmaliger Akt des Ausgleichs. Nichts Größeres gibt es als die Gnade, und ein jeder Mensch wird und kann sie in Zeiten tiefster Dunkelheit, wenn er glaubt, verloren zu sein, erleben. Gerade dann, wenn er alles versucht hat, wenn er sich aufgegeben und sich damit in die behütenden Hände des Universums begeben hat, wenn er am tiefsten Punkt angelangt und die Verzweiflung am höchsten ist, dann kommt jener Moment der Befreiung völlig unerwartet, der die Seele erlöst und dem Herzen unendlichen Trost spendet.«

TROST

»Wenn wir das Licht der Hoffnung erblickt haben, taucht in unserer Seele eine sanfte, warme Melodie auf, die wir Trost nennen. Sie schmeichelt, verwöhnt, streichelt und lässt alle Wunden verheilen.

Gibt es einen größeren Trost als die sanfte Hand der Hoffnung und der Gnade? Gibt es mehr Beruhigung, als zu wissen, dass wir uns nicht zu sorgen brauchen, weil wir wissen, dass Gott und sein Universum uns in jedem Moment zur Seite stehen? Wir sind die Kinder dieses Universums, und in diesem Wissen liegt der Trost mit all seiner Kraft.

Du kennst sicher die Geschichte von den ›Spuren im Sand‹. Sie ist die Geschichte vom Trost: Eine Frau träumte von einem Bild, das ihren Lebensweg als Spuren im Sand·zeigte. In den Zeiten des Glücks und der Freude erkannte sie zwei Paar Spuren im Sand und sah, dass das eine von ihren Füßen stammte und das andere von Gott, der sie begleitete.

Doch plötzlich, immer wenn schwere Zeiten in ihrem Leben begannen, musste sie feststellen, dass nur noch ein Paar zu erkennen war. Voller Vorwurf wandte sie sich an Gott und beklagte sich darüber, dass er sie in den Zeiten der Not verlassen hatte. Wo, so fragen wir in Phasen härtester Schicksalsschläge, die uns in die Verzweiflung führen und nahe an den Tod bringen, bist du, Gott, warum lässt dieses Leiden zu? Wo warst du in jenen Tagen, und weshalb hast du mich allein gelassen?

Als sie diese Frage stellte, erhielt sie die Antwort: ›Mein Kind, in jenen Tagen, da du nur ein Paar Spuren im Sand erkanntest, da ließ ich dich nicht alleine, sondern trug dich auf meinen Schultern.‹

Es ist ein Irrtum, zu glauben, dass wir in schweren Zeiten die Last des Lebens alleine tragen müssen. Nie sind wir alleine, auch wenn wir die Lastträger und Begleiter auf unserem Weg nicht sehen, weil wir unsere inneren Augen verschlossen haben.

Mit der Erkenntnis, dass Gott und seine Helfer uns in allen Zeiten der Not auf ihren Schultern tragen, kommt der Trost. Er ist die Nahrung auf dem Weg zurück zum Hause des Vaters, das in der Ewigkeit geborgen liegt.«

EWIGKEIT

»Ewigkeit bedeutet Zeitlosigkeit. Zeit kann nur mit Hilfe der Zeitlosigkeit regiert werden. Jeder Versuch, der Zeit Herr zu werden, muss scheitern, wenn nicht die Zeitlosigkeit als Herr anerkannt wird. Denn es ist die Ewigkeit, die die Zeit hervorgebracht hat. Nur dann können wir die Zeit regieren, wenn wir uns jenseits der Zeit, in jenen Zustand begeben, den die Weisen ›Ewigkeit des Bewusstseins‹ nannten.

Warum aber können wir die eigene Ewigkeit nicht akzeptieren, warum erschreckt sie uns, obwohl es uns doch nach ihr verlangt?

Weil wir, da wir durch unsere körperliche Hülle als sterblich erscheinen, nicht glauben, dass wir ewige Wesen sind. Wir sind es, denn wir sind geschaffen nach dem ewigen Bilde Gottes. Deshalb tragen wir den Kern der Ewigkeit in uns.

Jenseits aller Zeit existiert unser eigentliches Wesen. Denn Zeit resultiert aus Bewegung. Jenseits aller Bewegung unseres Geistes aber gibt es einen Zustand unveränderlicher Stille. Dieser Zustand ist die Ewigkeit.

Wollen wir also jemals Herr über unsere Zeit und unsere Veränderung werden, müssen wir einen Schritt in die Ewigkeit wagen.

Wir sind Träger und Hüter der Ewigkeit. Warum nutzen wir dieses Geschenk nicht mehr? Dort, in der Oase der Ewigkeit, finden wir allen Trost, den wir suchen, alles Wasser des Lebens, nach dem uns dürstet, und alles Brot des Lebens, nach dem uns hungert. Es ist unser Geburtsrecht, die Ewigkeit zu erfahren und zu leben.«

Wir schwiegen beide eine Weile.

»Gibt es einen Unterschied zur Unendlichkeit?«, fragte ich dann, denn seine Rede hatte mich verzaubert, aber es fehlte mir noch ein tieferes Verstehen dieser so eindrucksvollen Worte.

Er lächelte: »Lass uns morgen weiter machen. Alles braucht seine Zeit und seinen Abstand.«

UNENDLICHKEIT

»Zeit hat ihre Grenzen. Die Ewigkeit in uns sprengt die Grenzen der Zeit.

Der Raum setzt uns Grenzen. Die Unendlichkeit in uns aber sprengt alle Grenzen unserer inneren und äußeren Räume.«

»Lass dir eine kleine Geschichte erzählen, die mir in jungen Jahren viel Freude bereitet hat«, begann er seine Erzählung.

»Es gab einmal zwei kleine Wellen, die trugen jeden Tag viele Kleintiere und Algen von einer Küste des großen Ozeans zur anderen. Während sie nun immer wieder so nebeneinanderher schwammen, bot sich ihnen genügend Gelegenheit, miteinander zu sprechen. Meist ging es dabei um den Blauwal, der sie aus purem Vergnügen völlig durcheinander brachte, oder um die Sonne, die ihnen, vor allem in den südlichen Breiten, den Schweiß auf die Wellenkämme trieb.

Doch hin und wieder fingen die beiden mit einer erstaunlichen Lebhaftigkeit das Philosophieren an. Ihr Hauptthema war die Frage nach dem Sinn ihres Wellendaseins und nach ihrem Ursprung.

Die etwas lebhaftere, aber auch nachdenklichere Welle, die Sita hieß, meinte eines Tages: ›Eigentlich kann der Sinn unseres Lebens doch nicht nur darin bestehen, dass wir ausschließlich unserer Beschäftigung nachgehen und unseren Beruf als Planktonträger ausüben. Sicher, wir freuen uns stets über die vielen neuen Dinge, die es zu sehen, und die Abenteuer, die es zu erleben gibt. Aber dies gleicht dem Aufblitzen eines Sonnenstrahls, der sofort wieder vergeht. Es muss doch etwas Dauerhaftes in unserem Dasein geben, wie die Sonne, die immer scheint, etwas ohne Grenzen, etwas Unendliches. Ich glaube, ich muss mich einmal auf den Weg machen, dieses zu erforschen.‹

Da sagte die andere Welle: ›Ich bin so ganz zufrieden mit meinem Leben. Ich habe mein Auskommen, meine Arbeit, freue mich an den Dingen und denke, dass zu viel Nachdenken nur verwirrt. Und wenn es etwas Großes, Unbegrenztes geben sollte, dann können wir es sicher nicht erleben, oder es ist eben nur für die Auserwählten da.‹

Doch Sita hörte nicht auf, darüber nachzudenken, und verkündete an einem klaren Vollmondabend, weit draußen auf dem Meer: ›Ich werde auf die Reise gehen und das Große, Unendliche suchen, das uns erschaffen hat, und ich werde es finden.‹

Da zuckte die andere Welle mit ihren Ausläufern, da sie fürchtete, ihre Arbeits- und Reisegenossin für einige Zeit zu verlieren, wünschte dieser aber trotzdem viel Erfolg bei ihrer Suche. Sie selbst blieb lieber in ihren vertrauten Gewässern.

So machte sich Sita auf den Weg und wogte von einem Teil des Meeres zum anderen, von einem Ozean zum nächsten, sah viele erstaunliche neue Dinge und fragte bei jeder Gelegenheit nach dem Großen, Unendlichen. Doch niemand konnte ihr eine Antwort geben. Sie pilgerte durch die endlose Weite des Meeres und brauchte Jahre, um neue, unbekannte Gewässer zu erkunden. Nebenbei übte sie dieselbe Tätigkeit aus wie zuvor: Sie brachte durch ihr Wogen die Nährstoffe dorthin, wo sie benötigt wurden. Unermüdlich glitt sie auf und ab, doch abends, wenn der Wind sich legte, ging auch Sita zur Ruhe und wurde eins mit dem großen Ozean. Wenn dann der Wind am Morgen wieder auffrischte, erhob sich ihr weißer Kamm erneut, und sie begann sofort mit ihrer Suche. So verlockend all die Plätze in den Meeren waren zu verweilen, ihre Suche trieb sie doch immer weiter. Sie fragte die Wale, die Möwen, die Fische, die Algen und auch die Schiffe der Menschen. Sie blickte auf Küsten, auf Inseln, auf die Sonne und auf die Sterne in klarer Nacht und fragte sich, ob dort wohl ihr großer Vater, der sie hervorgebracht hatte, zu finden sei.

›Ich werde ihn wohl nie finden‹, dachte sie traurig, nachdem ihr niemand eine Antwort geben konnte. ›Oder‹, was ihr noch viel schlimmer erschien, ›es gibt das Unendliche gar nicht‹. Nach der langen Suche ohne Erfolg war sie ratlos geworden.

Eines Tages machte sie an einem seichten Strand Rast, verzweifelt und niedergeschlagen. Ihr Dasein schien ihr sinnlos. Als sie aber müde vor sich hinplätscherte, begann sich plötzlich vor ihr der Sand zu bewegen, und schon bald kam eine riesige, uralte Meeresschildkröte herausgekrochen.

Zuerst war Sita erschrocken, denn noch nie hatte sie auf der langen Reise eine so große Schildkröte gesehen. Doch dann näherte sie sich dem Riesentier neugierig, und auch etwas ehrfürchtig. Denn die Schildkröte musste so alt sein wie kein anderer Bewohner der Meere, und so war vielleicht zu erwarten, dass sie mit ihrer großen Lebenserfahrung Sita weiterhelfen konnte.

Diese platzte bald mit ihrer Frage heraus und erzählte alles über ihren endlos scheinenden Weg.

Die Schildkröte hörte sich ihre Worte geduldig an, gähnte abgrundtief und meinte dann schmunzelnd:

›Und deswegen bist du so viele Meilen und so viele Jahre gereist?‹

Sita erschrak furchtbar, dass ihre schlimmsten Befürchtungen tatsächlich wahr wären.

›Das hättest du einfacher haben können‹, fuhr das mächtige Tier jedoch fort. ›Ich werde dir sagen, was du tun musst, damit du deine Antwort erhältst. Heute, wenn du dich zur Ruhe legst, dann bemühe dich, dabei wach zu bleiben, und gib auf das Acht, was passiert.‹

So wartete Sita gespannt auf die Nacht. Doch als sie sich niederlegte, geschah zunächst nichts. Es war wie immer. Sie wurde still und empfand nur den Frieden und die Weite des Ozeans. Enttäuscht vergaß sie für einen Moment all ihre Gedanken und Fragen. Sie war einfach nur müde, wollte sich ausruhen und alles so sein lassen, wie es war, ohne weiter zu fragen und zu suchen. In diesem Moment, da sie alles fallen ließ, durchzuckte sie plötzlich ein Gefühl und eine Erkenntnis. In ihrem Stillwerden spürte sie, dass sie keine Grenzen hatte! Sie suchte ihre Form, aber sie fand sie nicht. Sie hatte sich aufgelöst, und sie spürte in dieser Stille nur noch – die Unendlichkeit des Ozeans. Plötzlich fühlte Sita die Unendlichkeit, und zusammen mit diesem Gefühl brach die Erkenntnis durch.

Wer hatte sie auf ihrer langen Reise durch ihr Leben stets getragen? Wer hatte sie in Schutz und Obhut genommen, wenn sie sich müde vom Tagesgeschäft und vom vielen Fragen und Reisen niedergelegt hatte? Wer hatte ihr die Kraft gegeben, sich in stürmischen Tagen gewaltig hoch aufzutürmen und mächtig zu werden? Woher hatte sie die Wassermassen erhalten, um so groß zu sein?

Sie hatte beständig nach außen geschaut, hatte sogar geglaubt, in den Sternen nach ihrem Ursprung suchen zu müssen, und dabei das Wesentliche übersehen, das nicht im Äußeren wohnte. Sita begriff. Sie war ein Teil jenes mächtigen Wesens, das sie Ozean nannten. Die Unendlichkeit hatte sie beständig begleitet. Sie war ein Teil der Unendlichkeit.

Mit dieser Erkenntnis stieg urplötzlich ein gewaltiges, befreiendes Wissen in ihr hoch. Sie war nicht nur ein Teil, nein: Sie *war* der Ozean! Sie fühlte es, und Kraft und Glückseligkeit durchbrausten sie, die sie nach außen trieben. Sie ließ der neu gewonnenen Freude freien Lauf und wuchs an. Sie wuchs und wuchs und formte sich zu einer gewaltigen Woge, wie sie bis dahin in den sieben Meeren noch nie gesehen worden war. So tobte sie weit draußen in der unendlichen Weite des Wassers, und ihr gewaltiges Brausen und Dröhnen, so furchterregend es auch klang, war nur der Ausdruck unfassbarer Freude, welche Sita in die Welt hinausrief: ›Ich bin der Ozean! Ja, das ist das Geheimnis: Ich bin der Ozean.‹

Auf dem riesigen, weißen Kamm aber konnte man ein winziges Etwas entdecken, und wenn man näher hinschaute, sah man die Meeresschildkröte, die auf ihre alten Tage als Dank einer kleinen Welle noch einmal auf einer riesigen Woge reitend und von ihr beschützt den ganzen Ozean durchqueren konnte.«

WIEDERGEBURT

»Wir glauben«, begann der Mann nach einigen Momenten des Schweigens wieder, Zeit und Raum seien Realität, weil wir sie in ihren Grenzen erleben. In jenem Moment aber, in dem uns einmal auch nur der Hauch der Unendlichkeit gestreichelt hat, erkennen wir die Wirklichkeit, und ein neuer Glaube entsteht, und dies ist der Glaube an uns selbst.

Unendlichkeit und Ewigkeit sind die beiden Formen unseres Geistes und unseres Daseins. Wenn wir glauben, dass Gott uns geschaffen hat, um über einige wenige Jahre in der Ewigkeit des Universums als kleines Staubkörnchen in diesem Körper und in diesem Kosmos zu existieren, dann tun wir uns selbst unrecht, denn Gott schuf dich als unendliches Wesen.

Der Glaube an unsere eigene Begrenztheit ist es, der uns krank und unglücklich macht. Wahre Heilung kann es daher ohne die Erfahrung der Grenzenlosigkeit nicht geben.

Wir haben vergessen, dass Gott den Menschen nach seinem Bilde schuf. Ist Gott aber nicht unendlich und ewig? Ebenso sind wir es. Und so wie er sich immer wieder einen Körper, ein Universum schafft, um dem Ewigen und Unendlichen Ausdruck zu verleihen und dies durch die Begrenzungen von Zeit und Raum bewusst zu machen, so haben wir unseren Geist und unseren Körper, um in den Grenzen von Zeit und Raum unsere eigene Ewigkeit und Unendlichkeit zu offenbaren.

Glaube niemandem, der dir weismachen will, dass du auf einige wenige Maßeinheiten begrenzt seist. Lass dir von niemandem einreden, du wärest auf einige wenige Jahre aus den Äonen von Jahren im Universum beschränkt.

Du hast das Recht zu glauben, was immer du willst. Nimm dieses Recht in Anspruch zu glauben, du seist ein Nichts, oder wähle den Glauben an deine Unendlichkeit. Entscheide dich und wisse, dass der Unterschied zwischen beiden Leiden, Glück, Krankheit oder Gesundheit bedeutet. Wisse aber, dass das Leben die Unendlichkeit ist, und lass uns morgen darüber weiterreden.«

LEBEN

»Hat man dich jemals gelehrt, was das Leben ist?«, begann er am nächsten Tag unser Treffen. »Hast du jemals beobachten können, dass die Menschen sich einig wären, wo das Leben beginnt? Wenn sie aber dies nicht wissen, wie können sie sagen, wann und wo es aufhört? Und hat man dir nicht auch erzählt, dass Steine nicht leben, und Sterne und Sonnen unbelebte Natur seien?

Ich sage dir, es gibt nichts im Universum, das nicht Leben ist. Nichts kann ohne Leben sein. Leben ist jene universelle Kraft, die Schöpfung bewirkt. Leben ist nicht beschränkt auf Pflanzen, Tiere oder Menschen. Leben offenbart sich in so unendlich vielen Formen, dass niemand vermag, sie aufzuzählen.

Unsere Erde ist Leben, unsere Sonne ist Leben, sie ist wahrhaft lebensspendend. Leben ist jene Kraft, die alles bewegt und alles hervorbringt. In der Schöpferkraft zeigt sie sich als bewegendes, in der Liebe als verbindendes und einendes Element.

Alles ist Leben, und alles spielt sich daher im Ozean des Lebens ab, im Meer des einen Bewusstseins, das keine Trennung kennt. Leben ist der Nährstoff des Universums, der alle Galaxien hervorbringt, so wie der nährende Saft in der Pflanze deren Leben, Form, Stängel und Blüten bewirkt. Niemals hat es zu irgendeiner Zeit an irgendeinem Ort irgendetwas gegeben, das nicht von Leben erfüllt war, denn Leben ist das Bewusstsein Gottes und sein Geist, der in deinem wirkt.«

GEIST

»Geist ist der Nährboden des Lebens, und so ist dein Geist der Nährboden deines Lebens. Hier finden wir das große Geheimnis des Geistes und der Materie. Dort, an der Quelle allen Seins, dort in der Stille des Seins, enthüllt sich uns das Geheimnis der Materie: *Geist und Materie sind eins.*

Materie, so wie wir sie gemeinhin verstehen, hat keine Existenz. Geist ist der Stoff allen Seins, der Nährboden, die Mutter, die Mater, die der Materie ihren Namen gab. Wir sind Geist, so wie dieses Universum Geist ist, der durch die Kraft des Lebens jene unendliche Vielfalt der Formen hervorbringt. Doch das Sichtbare ist nur ein winziger Bruchteil aller Formen des Geistes.

Kennst du die Geschichte von dem Eisberg, dessen Spitze erst dahinschmelzen musste, damit er dann erkennen durfte, dass sein wahres Leben etwas ganz anderes bedeutete? Die Trauer des Verlusts wandelte sich in diesem Moment in die unendliche Freude des Erkennens seiner wahren Natur.

Der Ozean des Geistes ist so unermesslich, dass wir seinen unmittelbaren Ausdruck, die Materie, wirklich nur als die Spitze eines Eisbergs bezeichnen können, so wie auch dein Körper nur die Spitze eines, eben deines Eisbergs ist.

Mag auch die Spitze eines Tages dahinschmelzen, so wird es doch den Eisberg darunter in keiner Weise beeinflussen. Er ruht in der ewigen, unwandelbaren Macht des Ozeans, unberührt von den Veränderungen der Formen an der Oberfläche.

Diese Einsicht kann uns von allen Ängsten und Sorgen befreien, denn das, was wir Tod nennen, wird immer nur die Spitze betreffen, niemals aber den Eisberg selber.«

Nach diesen vielen Worten musste ich mich zurückziehen. Mir schwirrte der Kopf. Ich wusste, dass der Mann auf der Bank etwas gesagt hatte, das mich auf meinem Weg weiterbringen würde. Doch ich brauchte Zeit, um das zu verarbeiten. So las ich in meinem Zimmer das, was ich mir bisher notiert hatte, von vorne, und mit einem Male überkam mich eine innere Ruhe, wie ich sie bisher nie erlebt hatte. Es war, als hätte sich mir das Leben selbst offenbart.

Mit wachsender Freude und Neugier ging ich am nächsten Tag wieder zu ihm, denn mittlerweile hatte ich ein regelrechtes Bedürfnis entwickelt, seinem Vortrag zu lauschen. Als ich mich neben ihn setzte, fragte er ganz unvermittelt: »Hast du schon über das Selbst nachgedacht?«

SELBST

»Wir sind nicht nur Kinder unserer leiblichen Eltern, sondern auch Kinder dieses Universums. Als Kinder unserer leiblichen Eltern besitzen wir eine Form, die den Wandlungen des Daseins unterworfen ist.

Als Kind unserer göttlichen Eltern aber besitzen wir eine Form, die ewiges Dasein besitzt. Dies ist unser Selbst. Der wahre Schatz, den wir hüten, ist unser Selbst. Es ist die Schatzkammer, die alles für uns bewahrt, was uns als ewig währendes Kind des Universums übergeben wurde: Unbegrenztheit, Unendlichkeit, Liebe, Schöpferkraft.

Solange wir glauben, wir seien ausschließlich die äußere Form, die wir als Körper bezeichnen, und solange wir glauben, wir seien jene wandelbare Form, die wir ›Ich‹ nennen, solange werden wir leiden. Das ist das Geheimnis allen Leidens und aller Krankheiten.

Erst wenn wir uns wieder an unser Selbst erinnern, wenn wir Kontakt aufnehmen mit unserer inneren Quelle, fällt alle Last von unseren Schultern.

Doch scheint diese Quelle nicht unendlich weit weg von uns zu sein? Nein, denn sie ist das Vertrauteste, was wir besitzen. Es ist uns so nahe, dass wir nichts tun müssen, um uns daran zu erinnern.

Unser Selbst ist das, was wir sind. Es ist das Kind, das geboren wurde, um die Größe dieses Universums in einer individuellen Form im Geist und durch dessen Geist in der äußeren Form widerzuspiegeln. Unser Selbst ist unser Erbe, es ist unser Recht, es in Anspruch zu nehmen, und es ist unsere innere Natur.«

NATUR

»Was ist es, das die Natur zu geben hat? Nichts weniger als den Geist in seiner ganzen göttlichen Fülle! Es gibt keinen Wunsch, der uns göttlichen Kindern nicht erfüllt wird, solange er ernsthaft ausgesprochen ist, denn liegt darin nicht das Wesen der Elternschaft?

Nur durch die Wünsche kann Wachstum entstehen. Dies ist das Spiel der Schöpfung. Hätte Gott nicht den Wunsch nach Neuem gehabt, gäbe es keine Schöpfung. Wir tragen diese Erbschaft als göttliches Vermächtnis in uns.

Was sorgen wir uns also um unser Leben? Gehen wir lieber in ein Zwiegespräch mit der Natur und mit uns selbst, um zu sehen, was noch nicht geschaffen wurde und welche Freude damit verbunden ist.

Die Natur behütet uns. Sie trägt den Reichtum des Universums in sich und teilt ihn mit uns, ihren Kindern, damit wir uns an unsere Schöpferkraft erinnern.«

»Kennst du die Geschichte von Anzara, der Birke?«, wollte der Mann von mir wissen, nachdem er seine Rede beendet hatte.

»Nein«, antwortete ich wahrheitsgemäß.

»Dann lasse sie dir erzählen. Höre gut zu, denn du wirst erkennen, was Natur und Schöpferkraft gemeinsam haben.«

»Es war einmal eine sehr zarte Birke. Ihr schlanker Wuchs hob sich aus der rauen, unwirtlichen Umgebung hervor. Die fein gewachsene Birke hatte – wie es ihrer Art gemäß war – viel Kraft.

Doch der Boden, in dem die Birke, die Anzara hieß, heranwuchs, war sehr hart und mit so viel Gestein durchsetzt, dass selbst der kräftigste Baum Probleme haben musste, sich in wahrer Pracht und Größe zu entfalten.

So kämpfte Anzara einen harten, aber schier aussichtslosen Kampf.

Sie wuchs. Sie wuchs aber nicht so, wie es ihrer inneren Größe und Kraft entsprach.

Bald jedoch zeigte sich der ungleiche Kampf von Anzara mit dem unfruchtbaren Untergrund: Denn sie deutete ihre Pracht nur an.

Sie erkannte ihre Situation – und war traurig. Sie spürte ihre unendliche Kraft, stark, hoch und doch geschmeidig in den endlosen Himmel wachsen zu können, und sie erkannte gleichzeitig die Grenzen, die der Boden ihrer Kraft, ihrer Würde, ihrer Stärke und ihrer Freude entgegensetzte.

Anzara weinte zahlreiche Tränen, die viele Spuren an ihrem zarten Stamm hinterließen. Doch sie verlernte nie das Träumen. Sie sah sich weit in den Himmel ragend, vielen Wesen Heimat bietend, ihre Wurzeln tief in den Boden gegraben – stark und doch geschmeidig, jedem Sturm trotzend. Diesen Traum formte sie jeden Tag in ihrem Inneren und bat die Erde um Erfüllung.

Die Jahre vergingen – doch Anzara blieb zart. Der Boden hatte sie unbeugsam in ihre Grenzen gezwungen.

Eines Morgens war neben Anzara ein kleines Wesen zu erkennen.

›Wer bist du?‹, fragte sie erstaunt. Sie kannte viele Baum- und Erdgeister, aber einem solchen war sie noch nie begegnet.

›Es spielt keine Rolle, wie ich heiße‹, antwortete die Gestalt. ›Nenne mich einfach, wie du willst, oder gib mir keinen Namen. Wichtig ist doch nur, dass ich da bin.‹

Das Wesen war zwar sehr klein, aber seine ganze Form drückte in Anzaras Augen etwas aus, das sie nur mit einem Wort benennen konnte: Kraft.

Dann fragte sie, woher es käme, was es hier wolle und wohin es sein Weg wohl führe. Das Wesen deutete in die Ferne nach Osten:

›Ich stamme von dort, wo die Eichen geboren werden. Ich bin gekommen, deinem Traum Erfüllung zu bringen.‹ Dann verneigte es sich vor ihr:

›Anzara, ich beuge mein Haupt vor deiner Kraft, allen Prüfungen der Erde Stand zu halten und deinen Traum nie aufzugeben. Du musst wissen, dass dein Bruder, in den du Deine Wurzeln geschlagen hast, die Aufgabe hatte, deine Stärke zu prüfen. Denn die Erde hat Großes mit dir vor. Und nur starke Wesen können Großes bewirken.

Nie hast du deinen Bruder Fels verdammt ob seiner Härte und Unbeugsamkeit. Nie hast du deine Umgebung für dein Schicksal verantwortlich gemacht. Dies hat deine wahre Stärke bewiesen.

Unsere Mutter, die Erde, sieht deshalb jetzt die Zeit gekommen, deinen und ihren Traum zu erfüllen. Denn wisse, deine Träume sind auch die ihren.‹

Anzara hatte schweigend und sehr aufmerksam zugehört, und sie bewegte anmutig ihren Stamm als Zeichen des Verstehens und der Freude hin und her. Aber sie begriff immer noch nicht, wie die Erde es schaffen wollte, ihren Traum zu erfüllen.

›Siehe‹, sprach das Wesen weiter, ›ich trage in mir die Kraft der Eichen, die Kraft, jeden Fels zum Freund zu machen. Es ist die Kraft der Eichen, *felsenfest* zu stehen und zu wachsen, über Jahre, Jahrzehnte, Jahrhunderte und sogar Jahrtausende.

Es ist die Kraft, welche die Erde geschaffen hat, Steine und Pflanzen, Felsen und Bäume gemeinsam und in Freundschaft wachsen zu lassen.

Nun bin ich gekommen, und es liegt an mir, dir diese Kraft zu schenken.‹

Dann trat die Gestalt auf Anzara zu und – umarmte sie.

Sogleich spürte Anzara die Kraft der Eichen und die Liebe der Erde in sie eindringen. Und sie nahm beides begierig auf während der langen und schweigsamen Umarmung.

Das Wesen war gegangen, so still, wie es gekommen war, und – Anzara begann zu wachsen. Ihre Wurzeln durchdrangen mit einer ihr ungewohnten und doch vertrauten Kraft den felsigen Boden.

Sie umarmte mit ihren Wurzeln jeden Stein und jeden Fels im Untergrund, und Anzara zog die Kraft der Steine an sich – nein, sie empfing sie dankbar von ihrem Bruder Fels, der endlich – nach Jahren des Wartens und des Widerstands – seine ganze Kraft an Anzara weitergeben konnte.

Und so kam es, dass Anzara die Kraft der Eichen in sich trug und zu einer Größe und Pracht heranwuchs, die sie an unzählige Generationen von Birken weitergeben konnte, sodass die Menschen sich heute noch wundern, woher die Birken ihre Kraft nehmen und doch gleichzeitig ihre Geschmeidigkeit behalten.«

SCHÖPFERKRAFT

»Das größte Phänomen der Schöpfung liegt darin, dass sie beständig stattfindet. In jedem Moment seiner Existenz entsteht das Universum neu, auch wenn es nach außen scheinbar unverändert bleibt. Doch nichts ist in den äußeren Formen beständig. Alles wird in jedem Moment neu erschaffen, nach dem immer währenden Urbild, das wir Idee nennen.

Die immer während Schöpferkraft ist eines unserer kostbaren Erbstücke, welches wir in unserem Dasein täglich verwenden. Schöpfung findet aber nicht nur statt, wenn wir kreativ nach außen gestalten. Schöpfung ereignet sich vor allem in jedem Augenblick in unserem Geist. Es ist bedeutsam, uns wieder bewusst zu werden, dass wir *in jedem Moment* unseres Geistes erschaffen! Unsere Gedanken zeigen uns dieses Geheimnis auf, das so selbstverständlich ist, dass wir es völlig übersehen.

Wie der Töpfer Formen aus seinem Ton erschafft, so formen wir in jedem Moment Gedanken aus unserem Geist. Diese Selbstverständlichkeit führt dazu, dass wir verkennen, welche Macht wir haben. Unsere Gedanken sind Formen des Geistes, und weil jede Form des Geistes Leben ist, erschaffen wir in jeder Sekunde neues Leben!

Es mag sein, dass diese Formen des Lebens nur für eine kurze Spanne der Zeit existieren, es mag aber auch sein, dass sie eine sehr lange Zeit währen! Denn ist es nicht so, dass manche Wünsche nie in Erfüllung gehen und andere schon? Vielleicht liegt es daran, dass bei den einen wenig Kraft hinter der Form lebt, während andere

Wünsche so kraftvoll gedacht werden, dass sie lange existieren und zwangsläufig eines Tages in Erfüllung gehen?

Das Geheimnis des Erfolgs wird darin offensichtlich: Wir sind die Schöpfer unserer Wünsche, und Wünsche bewirken Leben. Je stärker diese Wünsche sind, desto stärker wirkt jene Kraft, und die Wünsche finden ihre materielle Form.

Hierin liegt auch das Geheimnis unserer Schöpferkraft, die letztlich sogar unsere Hände bewegt, mit denen wir alles schaffen. Es ist eine große Macht, die da in uns schlummert und bei der es sich empfiehlt, sorgsam mit ihr umzugehen.

Wir sollten wissen, dass wir beständig erschaffen und dass alles Erschaffene nicht ohne Wirkung bleibt. Achte daher darauf, welche Gedanken du in deinem Geiste zulässt. Es ist deine freie Entscheidung! Wir haben die Freiheit, und mit dieser Freiheit tragen wir auch die Verantwortung für die Konsequenz.«

Mir wurde schlagartig klar, was er meinte, doch dabei ging mir schon die nächste Frage durch den Kopf: »Ich sehe so viel Mutlosigkeit in der Welt. Die Menschen scheinen zu wenig Kraft und Mut zu finden, das Leben mit seinen Herausforderungen und wunderbaren Möglichkeiten annehmen zu können.«

MUT

»Du siehst das viele Elend in der Welt. Du siehst dein eigenes Leiden, und du bist vielleicht verzweifelt, weil du keinen Ausweg siehst. Verzagtheit durchdringt dich, und du scheinst an den Anforderungen des Lebens zu scheitern. Manch einem fehlt sogar der Mut, weiterzuleben.

Du brauchst den Mut aber nicht zu suchen. Du *bist* Mut. Lasse dich fallen in das, was du bist. Vertraue. Gehe an deine Quelle zurück. Sie ist voll von Mut, denn Mut ist das, was das Leben in jedem Augenblick hervorbringt. Mut ist jene Kraft, die nicht aufgebracht werden muss, weil sie mit dem Leben einhergeht. Wir müssen nicht mutig sein, wir brauchen uns nur dem Leben zu schenken. Der Baum des Lebens strahlt Stärke aus, und diese Stärke nennen wir Mut. Es gehört Mut dazu, sich gegen den Wind zu stellen, sich im Boden zu verwurzeln und Schatten zu spenden.

Erinnere dich daran, dass du ein Baum bist. Gehe dorthin, wo deine Wurzeln sind, und du wirst erkennen, dass du in einem Boden wächst, der dich unerschütterlich macht. Erinnere dich daran, dass du eine Welle bist, die aus der unendlichen Kraft des Ozeans deines Bewusstseins schöpfen kann. Wisse, du bist stark!

Das, was dich jetzt bewegt, ist nur das Schwanken der Äste im Wind, das Fallen der Blätter im Herbst, das Brechen der Zweige unter der Last des Schnees. Dein Stamm aber bleibt voller Kraft.

Erinnere dich, wer und was du bist. Du bist nicht der Ast und das Blatt und der Zweig, sondern du bist der

Baum! Bewege dich nicht länger wie ein Blatt, das unerbittlich vom Wind des Lebens fortgetragen wird. Solange du das tust, wirst du mutlos sein. Siehst du den Ausweg aus deiner Situation? Gehe zu deinen Wurzeln. Sie flüstern dir die Botschaft deines Seins zu. Sie erinnern dich, dass du die mächtige Eiche bist, die jedem Orkan seit Jahrhunderten getrotzt hast. Sie sagen dir, wie mächtig du bist, von wem du beschützt wirst und wem du selbst schon Schutz gewährt hast. Sei nicht verzweifelt, weil du glaubst, keinen Mut mehr aufbringen zu können. Überlasse dich deinem Selbst, das ein unendliches Meer an Leben und Mut in sich birgt. Glaube nicht länger, alleine etwas bewirken zu müssen, und habe keine Angst, dass du alleine bist. Auch der Baum steht nicht vereinzelt da. Er hat Freunde, die ihn unterstützen. Erinnere dich auch daran, welchen Mut du aufgebracht hast, in dieses Leben einzutreten.

Wisse also, dass du Mut ohne Grenzen besitzt und dass Hilfe für dich da ist, wann immer du sie benötigst. Sie stehen beide vor deiner Tür, du musst sie nur einlassen. Sperre deine Türe des Lebens auf. Solange du dich dem Leben nicht öffnest, wirst du es schwer haben, denn niemand darf und wird deine Türen ungebilligt öffnen.«

Wir hatten jetzt bald zwei Wochen miteinander verbracht und uns immer wieder auf der Bank getroffen. Der Mann hatte mich nicht in seine Wohnstatt gebeten, in der er abgeschieden von der Hektik der Welt zurückgezogen wie ein Eremit lebte. »Lass uns diese Ruhe hier«, sagte er einfach, als wolle er den magischen Platz seiner Gedanken nicht aufgeben. »In meinem Haus ist zu viel Unruhe.« Damit drückte er wohl aus, dass seine Zurückgezogenheit keine Ruhe mehr für ihn bedeutete, da zu viele Hilfesuchende zu ihm strömten.

»Ich denke, du hast sicher weitere Fragen. Was möchtest du noch gerne wissen?«

»Erzähle mir bitte über das Glück und über das Schicksal«, bat ich. Was bedeuten Glück und Glücklichsein? Gibt es überhaupt eine Chance für ein wirklich glückliches Leben, oder muss der Mensch meist nur Leiden erleben? Was bedeuten Schicksalsschläge? Wie sehr ist das Leben vorherbestimmt? Gibt es wirklich einen freien Willen?«

»Das sind viele Fragen auf einmal, findest du nicht auch?«, entgegnete er mit seinem geheimnisvollen Lächeln. »Ich sehe schon, du möchtest alle Geheimnisse und Rätsel des Universums auf einmal gelöst haben.

Weißt du, ich glaube, dass alle diese Rätsel bereits gelöst und dem Menschen oft genug enthüllt wurden. Doch es ist, als würde er am helllichten Tage die Sonne suchen. Deshalb steht er hinter den verschlossenen Fensterläden und fragt unentwegt nach ihr. So wird es wohl immer sein, und nur wenige werden begreifen, dass die Sonne ihr Leben jeden Tag erhellt. Doch lass uns sehen, ob wir Antworten auf deine Fragen finden.

Beginnen wir mit einer alten Geschichte, die mir schon vor vielen Jahren begegnet ist.«

GLÜCK

»Ein alter Mann und sein Sohn bestellten gemeinsam ihren kleinen Hof.

Sie hatten nur ein Pferd, das den Pflug zog. Eines Tages lief das Pferd fort.

›Wie schrecklich‹, sagten die Nachbarn, ›welch ein
Unglück.‹

›Wer weiß‹, erwiderte der alte Bauer, ›ob Glück oder
Unglück?‹

Eine Woche später kehrte das Pferd aus den Bergen
zurück, es brachte fünf wilde Pferde mit in den Stall.

›Wie wunderbar‹, sagten die Nachbarn, ›welch ein
Glück.‹

›Glück oder Unglück? Wer weiß‹, sagte der Alte.

Am nächsten Morgen wollte der Sohn eines der wil-
den Pferde zähmen. Er stürzte und brach sich ein Bein.

›Wie schrecklich. Welch ein Unglück!‹, meinten die
Nachbarn. ›Wer pflügt jetzt den Acker?‹

›Glück oder Unglück?‹, sinnierte der alte Bauer.«

Er schwieg eine Weile und fuhr dann fort:

»Einige Tage später kamen Soldaten ins Dorf und hol-
ten alle jungen Männer in den Krieg. Den verletzten
Sohn des Bauern konnten sie nicht brauchen, und da-
rum blieb er als einziger verschont.

Glück? Unglück?«

»Glück, wie es heute verstanden wird, ist ein sehr
einseitiger Begriff, denn alles, was uns begegnet und
zustößt, können wir als Glück oder Unglück inter-
pretieren. Es liegt an uns, an unserer inneren Einstel-
lung.

Was kann ich dir noch zum Glück sagen? Glücklichsein ist der ewige Zweck menschlichen Daseins. Siehe, es ist ein Glück, dass es dich gibt. Es ist so, denn ein Mensch zu sein, ist Glück an sich. Unendlich viele Wesen gibt es in diesem Universum, doch scheint der Mensch etwas Einzigartiges zu sein, und dieses Einzigartige ist sein Glück.

Die Größe des Menschen und unseres Daseins sind etwas unfassbar Wunderbares und Schönes.

Wir sind mit herrlichen Gaben ausgestattet, und das ist unser Glück und unser Segen. Es ist ein Segen und ein wunderbares Glück, denken zu können, bewusst zu sein über sich selbst und die Schöpfung und mit geistigen Fähigkeiten in der Materie erkennen und wirken zu können. Nicht die Steine, nicht die Pflanzen, nicht die Tiere und auch keine anderen Wesen sind mit diesen Möglichkeiten gesegnet. Nur der Mensch besitzt alle diese Gaben, und sie machen seine Größe aus, die mit der Gabe der Freiheit gekrönt wird.«

FREIHEIT

»Wir besitzen die Freiheit zu lieben, und wir besitzen die Freiheit zu hassen. Würden wir je unsere Freiheit aufgeben wollen? Niemals. Um keinen Preis möchten wir sie verlieren. Wir stellen sie über alles andere und kämpfen auch für andere um sie.

Doch wahre Freiheit braucht nicht erkämpft zu werden, denn niemand kann sie uns nehmen. Freiheit ist ein Zustand des Geistes, den uns niemand verwehren kann.

Es kann uns unser Körper genommen werden, doch nicht unsere Freiheit. Freiheit ist ein Geschenk an uns, das uns in der Schöpfung auszeichnet. Doch dieses Geschenk hat wie alles seine zwei Seiten. Es ist ein Recht, das uns zugestanden wird, doch mit jedem Recht ist auch Verantwortung verbunden. Freiheit darf nicht verantwortungslos benutzt werden.

Wir dürfen nicht glauben, wir wären auch frei von aller Verantwortung für unser Tun. Dafür sorgt die Gerechtigkeit. Sie garantiert uns, dass keiner seine Freiheit missbrauchen kann, ohne die Konsequenzen tragen zu müssen. Geschieht es aber, dass einer mit eben diesen Konsequenzen konfrontiert wird, neigt er dazu, es ›Schicksal‹ zu nennen.«

SCHICKSAL

»Schicksal bedeutet, zu wachsen und die eigene Bestimmung zu leben. Schicksal ist der Sendbote der Seele. Der fruchtbare Boden, auf dem unser Schicksal wächst, ist unsere Freiheit und unser Recht, entscheiden zu dürfen.

Wir sind der Schöpfer des Garten unseres Lebens, den wir mit dem Samen der Freiheit bepflanzen. Alles, was wir säen, wird seine Frucht tragen, und so bestimmen wir als Gärtner unseres Lebens unser Dasein und werden damit zum Schöpfer unseres Schicksals. Schicksal ist die Frucht des Lebensbaums.

Jede Frucht, die aufgeht, wurde von uns gesät. Sie ist das, was wir wollten. Was hilft alles Jammern? Wir können nichts anderes tun als zu ernten und die Früchte unserer Saat verwenden und neue und bessere Samen säen. Ob wir unsere Früchte als Glück oder Unglück verstehen, ist unsere eigene Wahl. Diese ändert nichts daran, dass die Früchte das Ergebnis unserer eigenen Gartenarbeit sind.«

»Es gibt da eine Geschichte von einem Mann, dessen Haus von einem Hochwasser eingeschlossen worden war«, fuhr der Eremit fort. »Man hatte begonnen, die Menschen zu evakuieren. Der Mann aber war sehr gottesfürchtig und meinte zu den Helfern, die am ersten Tag mit einem Wagen vorbeikamen:

›Keine Sorge, Gott behütet mich, mir wird nichts passieren. Ich werde in meinem Haus bleiben.‹

Das Wasser stieg, und am zweiten Tag kamen die Helfer zu Fuß, um ihn herauszuholen. Doch der Mann antwortete wieder lächelnd:

›Keine Sorge, Gott behütet mich, mir wird nichts passieren. Ich werde in meinem Haus bleiben.‹

Am dritten Tag stieg das Wasser weiter, die Helfer kamen mit einem Ruderboot, die Antwort des Mannes aber blieb dieselbe. Er sprach dabei von einer Prüfung seines Vertrauens in Gott.

Am vierten Tag mussten die Helfer noch einmal kommen, denn das Hochwasser hatte bereits das Erdgeschoss des Hauses überflutet.

Am fünften Tag stieg das Wasser bis zum Dachgeschoss, der Mann musste im Dachboden Unterschlupf suchen. Doch sein Gottvertrauen hatte darunter nicht gelitten. Er beharrte darauf, in seinem Haus zu bleiben, als man mit einem noch stärkeren Boot vorbeikam, ihn zu retten.

Am sechsten Tag war das Wasser so weit gestiegen, dass sich der Mann ganz oben auf sein Dach setzen musste, um nicht unterzugehen. Jetzt kamen die Helfer, ihn aus der Luft zu retten. Doch mit einem Lächeln im Gesicht meinte der Mann:

›Keine Sorge, Gott behütet mich, mir wird nichts passieren. Ich werde in meinem Haus bleiben.‹

Am siebten Tag war das Wasser leider weiter gestiegen, und jegliche Rettung kam für den armen Mann zu spät.«

Mein Begleiter auf der Bank meinte, als er seine Geschichte beendet hatte:

»Ich war auch einmal ein solcher Mann. Was hat mir mein Schicksal nicht alles an Angeboten gesandt, ohne dass ich die Botschaften verstehen wollte, bis mir wirklich das Wasser nicht mehr nur bis zum Hals reichte, sondern weit darüber hinaus.

Wir haben die Freiheit der Entscheidung von unseren göttlichen Eltern geerbt. Sie sind Gabe, Geschenk und

Segen und bestimmt kein Fluch, wie es manch einer in dunklen Stunden empfinden mag. Wollen wir uns darüber beklagen oder sie klug und weise nutzen?«

»Natürlich letzteres«, rief ich. »Aber was ist mit dem Bösen, dem Negativen. Du wirst doch nicht leugnen, dass dies ebenfalls existiert?«

Der Mann antwortete eine ganze Weile lang nicht. Dann fragte er: »Hast du schon einmal das Licht gesehen?«

LICHT

»Der Schatten ist die Abwesenheit von Licht. Da, wo kein Licht ist, empfinden wir Schatten. Er hat aber keine eigene Existenz. Oder hast du jemals gesehen, dass ein Schatten das Licht verdrängte? Deshalb ist Schatten nur eine Illusion. Wenn du Licht bringst, gibt es keinen Schatten mehr.

Es werden die Menschen zu dir sagen: ›Aber ich sehe doch dort den Schatten. Schau nur hin.‹ Dann kannst du ihnen die Frage stellen: ›Warum seht ihr denn den vermeintlichen Schatten?‹

Sehen können wir doch nur, wenn Licht vorhanden ist! Also ist Schatten nur weniger Licht.

Sicher wird es viele geben, die darauf beharren werden, dass es trotzdem den Schatten gibt. Doch das ist ein Irrtum, denn die Logik ihres Verstands könnte sie eines Besseren belehren: Schatten wird nur sichtbar, wenn Licht vorhanden ist. Wie also kann ich ohne Licht einen Schatten sehen? Wieso kann Schatten ohne Licht existieren?

Wir haben aus dem Schatten etwas gemacht, indem wir ihm seine eigene Existenz zugestanden haben. Deshalb glauben wir auch, dass es das Böse gibt. Dies ist der nächste Irrtum. Das Böse ist nur das weniger Gute. Das Einzige jedoch, was existiert, ist das Gute.

Alles im Universum hat zwei Pole, wie Licht und Schatten. Doch der Schatten existiert nicht wirklich, das haben wir bereits gesehen. Er existiert nur in unserer Vorstellungswelt. So ist es auch mit Liebe und Hass. Der Hass existiert nicht wirklich. Er ist nur ein Zustand von zu wenig Liebe, doch seine Wurzel ist die Liebe. Das, was den Hass so stark macht, ist unsere Sehnsucht nach mehr Liebe.

Siehst du den Zusammenhang? Weil Hass eigentlich Liebe ist, lassen wir ihn ständig wachsen und unterliegen auch hier dem Irrtum, dass wir durch viele dieser Liebesenergien Liebe aufbauen könnten. Doch dass ist ebenso unmöglich, wie durch Schatten Licht erzeugen zu können.

Es ist und bleibt eine Tatsache: Alles Dunkle hat keine Existenz, sondern nur das Lichte, Helle. Deswegen kennen wir auch keine absolute Dunkelheit. Denn nie haben wir einen Zustand erlebt, in dem kein Licht ist, und dann, wenn dies offenbar wird, sprechen wir von Erleuchtung.«

ERLEUCHTUNG

»Erleuchtung bedeutet: Alles für möglich halten.‹ So hat sie einmal ein Dichter beschrieben. Doch Erleuchtung ist viel, viel mehr. Sie meint: Alles, was möglich ist, als gut zu erleben. In diesem Zustand verschwinden die Wolken. Die Sonne ist immer da, und sie geht niemals unter. Es gibt weder Sonnenaufgang noch Sonnenuntergang, sondern nur die Drehung der Erde. Wenn wir uns also von der Sonne abwenden, wird es dunkel, das Licht schwindet. Wenn wir uns ihr zuwenden, wird es hell.

So einfach ist es auch mit der Erleuchtung. Das Licht im Innersten existiert immer. Wenn wir uns auf dieses konzentrieren, wenden wir uns für immer von der Dunkelheit ab.

Doch es scheint, als ob wir diese Sonne nicht ständig ertragen können. Deshalb erzeugt unser Bewusstsein Wolken, die es vor einer Helligkeit schützt, die wir jetzt noch nicht ertragen würden! Wir brauchen den Schutz der Unwissenheit, solange, bis wir reif sind, der Wahrheit ins Gesicht zu sehen. Dann tritt der Zustand der Erleuchtung ein.

Er kommt unweigerlich, wenn wir wagen, uns der Sonne zuzuwenden. Es ist der einzige Weg. Und auf diesem Wege werden wir die Wolken vertreiben müssen, damit wir klarer sehen können.

Das Licht ist immer da und deshalb auch die Erleuchtung. Wir müssen sie nur noch zulassen, einlassen durch die Türe unseres Lebens, die wir weit geöffnet haben.

Erleuchtung ist das letzte Geschenk Gottes. Unser Leben und die darin wohnende Glückseligkeit dagegen sind die ersten seiner zahllosen Gaben. Wir werden dieses letzte Geschenk ebenso sicher erhalten, wie das allererste. Denn die Erlangung der Erleuchtung ist der ganze Zweck unseres Daseins.

Diese Gewissheit sollte auch alle Fragen nach dem Sinn unseres Lebens beantworten. Denn was immer wir tun, es gibt nichts, was Gott davon abhalten wird, uns dieses Geschenk zu machen.«

Ich war von der Weisheit in den Worten des Mannes, die ich niederschrieb, ergriffen. Als ob er spüren würde, was in mir vorging, sagte er: »Du hältst mich für weise? Nein, ich bin es nicht. Ich bin nur jemand, der unterwegs ist. Doch lass uns sehen, was Weisheit sein könnte.«

WEISHEIT

»Die Liebe und die Weisheit gehen Hand in Hand. Die eine kann ohne die andere nicht sein. So wie die geheimnisvollen magnetischen und elektrischen Felder miteinander gekoppelt sind, so sind auch die Liebe und die Weisheit aneinander gebunden. Sie bewirken sich gegenseitig.

Wissen ist wunderbar, doch wenn es sich nicht mit der Liebe vereint, kann es nicht zur Weisheit wachsen. Es wird ihm die Wärme fehlen, welche die Liebe ausstrahlt. Weisheit ist der Hüter der Liebe, so wie die Liebe der Hüter der Weisheit ist.

Wissen kann nur strahlen, wenn es in Bewegung kommt. Nur fließendes Wissen ist Weisheit, es wird durch Liebe angetrieben.

´ Dieses Universum wird von Weisheit regiert. Nichts anderes können wir schließen, wenn wir den perfekten Lauf der Sterne, das Wunderwerk unseres Körpers oder die geheimnisvollen Zufälle in unserem Leben mit offenen Augen betrachten. Wisse, dass das Universum von einer so unglaublichen Weisheit getragen wird, dass wir nur staunend und ehrfürchtig davor stehen und es lieben können. Wenn wir glauben, dass der Kosmos von abstrakten Naturgesetzen und einem noch abstrakteren Zufall regiert wird, wenn wir das Staunen verlieren und die Ehrfurcht, dann leidet unser Geist.

Weisheit fügt alles in diesem Universum zu einer unfassbaren Harmonie. Einheit, Ganzheit und Einklang sind die Resultate der Weisheit. Dieses Universum ist ein Klang, eine einzigartige Symphonie, in der unser menschliches Leben ein Abbild in einer einzigen Note ist. Aus diesem Grunde regiert auch die Weisheit, was uns immer auch begegnen mag, unser Leben.

Sie wird sich dir daher unweigerlich offenbaren, wenn du dich der Liebe hingibst. Dies ist der Grund, warum die in unseren Augen scheinbar einfachsten Menschen oft so voller Weisheit sind und unsere Achtung verdienen. Übrigens ist die Achtung eine weitere wichtige Waffe gegen unser Leiden.«

ACHTUNG

»Was können wir selbst tun, um glücklich und gesund zu sein und unserer Bestimmung zu folgen? Ein erstes und mächtiges Mittel dafür ist die Achtung, und zwar die Achtung dessen, was wir sind, die Achtung unseres Erbes, das unsere Größe offenbart. Das bedeutet Achtung vor uns selbst, Achtung vor unserem Selbst, die damit zur Achtung vor Gott wird. Sie ist das Wertvollste und scheinbar Einfachste, das uns verliehen wurde.

Warum fällt es uns oft so schwer, uns selbst zu achten? Woher stammt unser Glaube, uns nicht achten zu können oder uns sogar verachten zu müssen?

Immer, wenn wir unsere Quelle vergessen haben, neigen wir zur Verachtung, und sie beginnt stets bei uns selbst! Die Verachtung der anderen hat dort ihre Ursache und bedeutet die Nichtachtung unseres Selbst. Würden wir wieder beginnen, unser Selbst zu achten, indem wir Kontakt mit ihm aufnehmen, so würden wir auch unsere Achtung wieder finden.

Wie können wir die Achtung der anderen erwarten oder sie ihnen zuteil werden lassen, wenn unsere Selbstachtung verloren gegangen ist? Unser Glück sollten wir nicht von der Achtung der anderen uns gegenüber abhängig machen, denn ihre Stimmungen und ihre Liebe mögen wechseln, wie also könnten wir unsere Achtung darauf aufbauen? Wir würden dabei auch unsere Freiheit verlieren. Natürlich ist die Wertschätzung und Liebe unserer Mitmenschen ein kostbares Gut, das wir uns erringen, doch die einzige Instanz, die uns dauerhaft Achtung entgegenbringen kann, sind wir selbst.

Beginnen wir wieder uns selbst zu achten, denn darin liegt das beste Heilmittel für Körper, Geist und Seele. Die Achtung sichert unsere Gesundheit. Sie ist der Hüter unserer Existenz und sollte am besten begleitet werden von Achtsamkeit dem Leben gegenüber.«

ACHTSAMKEIT

»Die Schwester der Achtung ist die Achtsamkeit, und es ist klug, sie zu nutzen. Achtsamkeit ist der Schlüssel, die Weisheit des Universums zu entdecken. Sie offenbart uns in den kleinen Geschehnissen des Tages, dass Weisheit im Hintergrund der Welt wirkt. Wir sehen, dass wir nur selten weise handeln, erkennen aber auch, dass dies alles ein Teil des Weges ist, den der Mensch geht, um die Weisheit, die ihm zur Verfügung steht und die hinter den Kulissen der Weltbühne wirkt, zu entdecken. Achte auf die vielen kleinen Hinweise, die das Leben dir täglich gewährt. Sie offenbaren dir das, was du suchst: Hilfe und Unterstützung in jeder Notlage deines Lebens.«

»Achtung uns selbst gegenüber und Achtsamkeit gegenüber den Zeichen des Lebens haben einen wundersamen Effekt. In dem Moment, da wir beginnen, uns in unserem wahren Wesen wertzuschätzen, eröffnet sich die Liebe für die ganze Schöpfung. Plötzlich wird aus der Wahrnehmung einer unvollkommenen Welt die Sicht der Vollkommenheit, Freude dringt in unser Herz und füllt es bis in den letzten Winkel. Endlich geben wir ihm dann Gelegenheit, seine Aufgabe zu erfüllen und uns zu erfreuen. Seine zarte Stimme flüstert uns dann zu, was es sieht: ›Es ist alles gut, es ist alles in Ordnung. Sorge dich nicht.‹

Es offenbart uns plötzlich die Achtung vor dem gesamten Universum, die Ehrfurcht vor seiner unendlichen Größe, Schönheit, Vollkommenheit und Weisheit, den Respekt vor all unseren Mitmenschen, und wir spüren, dass wir am Ziel sind, an dem alles Leiden endet und sich alle Angst in Angstlosigkeit wandelt.«

ANGSTLOSIGKEIT

»Angst ist das Trauma aller Menschen, Angstlosigkeit ihr Traum.

Wovor aber haben wir eigentlich Angst? Wir erlauben uns so viele Ängste, doch letztlich verbleibt nur eine einzige Angst: die Angst, ein Niemand zu werden, indem wir sterben und vergehen. Alle anderen Ängste leiten sich daraus ab.

Warum aber haben wir diese Angst?

Weil wir vergessen haben, wer wir sind.

Worin liegt also das Heilmittel für unsere Angst?

In unserer Erinnerung an unsere Erbschaft als Kinder des Universums.

Was ist Angst?

Wir wissen, dass Angst Enge bedeutet. Das Heilmittel gegen Enge ist Weite, so wie das Heilmittel gegen Vergessen die Stärkung des Gedächtnisses ist.

So wird der Weg zur Angstlosigkeit offensichtlich: Gehe dorthin, wo die Weite ist, die Ewigkeit, die Grenzenlosigkeit, die Unendlichkeit, die Zeitlosigkeit, die Unsterblichkeit, gehe dorthin, wo das Selbst wohnt, wo das Leben beginnt, wo der Geist rein ist und die Erkenntnis weilt, dass unser Glaube, begrenzte Materie zu sein, falsch war.«

»Ich möchte dir ein kleines Geschehnis dazu erzählen«, fügte er seinen Worten hinzu.

»Es war an einem wunderschönen Sommertag. Ich saß in meinem sonnenbeschienenen Wohnzimmer, als ich plötzlich einen Zitronenfalter entdeckte, der an der Fensterscheibe verzweifelt versuchte, nach draußen zu kommen. ›Hab keine Angst‹, meinte ich still zu ihm, ›du hast die Weite der Wiesen nicht verloren. Ich bringe dich zurück in die Freiheit.‹ So versuchte ich ihn behutsam zu fangen, aber immer, wenn ich ihm nahe kam, flatterte er angstvoll davon. Ganz aufgeregt prallte er dabei immer wieder gegen das erbarmungslose Fenster, ohne zu begreifen, dass seine Freiheit in meinen Händen lag. Er hatte kein Vertrauen, dass es jemanden gab, der ihn behütete, dass er keine Angst zu haben brauchte. Vor lauter Angst machte er alles noch schlimmer und war nahe daran, an seinem unnötigen Kampf zu zerbrechen.

Dann aber gelang es mir, ihn mit meinen Händen zu umschließen. Es war, als fühlte ich in dem Stillhalten seiner Flügel sein Herz pochen. Ich trug ihn in den Garten und öffnete die Hände. Eine Zeit lang verharrte er darin. Ich empfand dies wie einen Dank, wie er so ruhig und wunderschön anzusehen dasaß. Dann erhob er sich in die Freiheit, und ich hatte das Gefühl, als würde sich mein Herz mit ihm erheben.

Auch an diesen kleinen Schmetterling erinnerte ich mich in jenen Tagen der Einsamkeit und an die Lektion, die er mich gelehrt hat. Ein tiefes Gefühl der Dankbarkeit erfüllte dabei mein Herz, denn ich hatte selbst erlebt, wie ich behütet bin, und dass wir uns jederzeit in die kosmischen Hände begeben können, um befreit zu werden.

Die Weite steht uns jederzeit zur Verfügung, sie ist uns näher als alles andere. ›Dort wo die lichtvollen Welten sind‹, heißt es in den alten Schriften, ›dort mache mich unsterblich, dort befreie mich von der Angst.‹ Dazu mag es aber manchmal erforderlich sein, dass wir innehalten und uns in fürsorgliche Hände begeben, die uns Stille und Frieden versprechen.«

FRIEDEN

»An jenem Ort der lichtvollen Welten finden wir auch die Erfüllung einer anderen Sehnsucht. Hier endet alles, was uns Unruhe und Kummer, Sorgen, Verzagtheit und vor allem Angst bereitet. Dort wohnt der Frieden, nach dem wir uns so sehr sehnen, und es herrscht Stille, die den Lärm der unruhigen Welten zunichte macht.

Der Ozean unseres Lebens ist unsere Bestimmung, doch wir vergessen in den Wogen des Daseins meist, dass der in sich ruhende Ozean der ewige Begleiter unserer Wellen ist.

Wo finden wir die Kraft, die uns oft zu fehlen scheint, die Zuversicht, nicht in den Wogen der Veränderung zu ertrinken? Im Ozean selbst. Stille und Frieden sind die beiden Brüder, die dort auf uns warten.

Die Angst vor den Wogen der Veränderung schwindet an jenem Ort, an dem sie selbst ihren Ursprung haben. Stille und Frieden sind der Urgrund all unserer Bewegungen und der Wandlungen, die daraus entstehen. Wisse, dass auch sie dir jederzeit zur Verfügung stehen.

Unser Schlaf ist der heilsame Friedensbringer, der uns auf geheimnisvolle Art und Weise die Kraft für den Tag beschert. Nutze ihn und lerne von ihm über das Geheimnis der Stille. Wisse, dass die Stille dir jeden Moment verfügbar ist und du auf sie zurückgreifen kannst, wenn du deinen inneren Frieden verloren hast. Sie ist es, die dir Frieden garantiert.«

»Ich verstehe«, sagte ich. »Du sprichst vom inneren Frieden. Aber wie ist es mit dem Frieden unter den

Menschen? Es gibt so viel Krieg auf der Welt. Kann das jemals anders sein?«

»Frieden ist immer möglich, auf allen Ebenen«, meinte der Mann nach einer stillen Pause. »Frieden auf dieser Erde hängt aber immer ab von unserem inneren Frieden. Es gibt keine andere Basis. Es ist der Krieg in unserem Inneren, der den Krieg im Äußeren schafft. So-lange wir Krieg mit uns selbst führen, gibt es keinen Frieden in der Welt. Unsere inneren Einstellungen, un-ser Ärger, unser Zorn, unser Hass, die Missachtung von uns selbst, die wir nach außen auf unsere Mitmenschen projizieren, ihnen die Schuld für unsere Misere zuwei-sen und die Welt für alles verantwortlich machen, sind die Nahrung aller Kriege. Kriege werden geformt durch unsere kriegerischen Gedanken. Wie aber erreichen wir den Frieden in uns? Frieden wird uns garantiert, wenn wir unsere innere Stille pflegen zusammen mit einer Kraft, vor der wir uns sehr scheuen, der Wahrhaftigkeit.«

WAHRHAFTIGKEIT

»Du möchtest glücklich sein? Du möchtest wahrhaft *leben*? Dann lebe *wahrhaftig*!

Was ist Wahrheit? Ganz einfach: Wahrheit ist das, was ist. Sie ist unabhängig von unserer Betrachtung, unseren Gedanken, Vorstellungen, Theorien und unserer Beurteilung. Es mag beliebig viele persönliche Wahrheiten geben, doch es gibt nur eine Wahrheit. Je näher wir ihr kommen, desto glücklicher werden wir sein, denn Wahrheit macht frei. Sie ist der größte Gegner der Vorurteile, der einseitigen Vorstellungen und der Dogmen. Wieder hast du die Wahl. Wieder ist dein Geist gefordert, sich zu entscheiden. Entscheide dich zuerst für die Weisheit, die mit der Liebe kommt, denn dann kannst du nicht fehlen, und die Wahrheit muss sich dir eröffnen.

Wahrheit kommt, wenn die Angst geht. Angst verschwindet, wenn du Wahrheit zulässt. Dogmen sind der Ausdruck von Angst, deshalb wird der Wahrheitsliebende nicht umhin können, sie über Bord zu werfen und sich der Wahrheit zu stellen.

Was ist nun dagegen Wahrhaftigkeit? Sie ist der Schlüssel zu all unserem Leben, zu unserem Glück – oder besser – zu unserem Glücklichsein, denn Wahrhaftigkeit bedeutet die Wahrheit *anzunehmen*, und das meint anzunehmen, was ist, und umschließt Ehrlichkeit und Aufrichtigkeit, und zwar vor allem gegenüber uns selbst. Selbstbetrug ist der größte Fehler, den wir beständig begehen.«

»Das muss ich aus eigener schmerzvoller Erfahrung wirklich sagen«, fügte er seinen Worten hinzu, die aus einer anderen Welt zu kommen schienen.

»Je mehr wir uns gegen die Wahrheit wehren, desto mehr wird unser Leiden verstärkt. Achte daher auf das größte Heilmittel und den Schlüssel zu deiner Gesundheit, schenke der Wahrhaftigkeit Achtung, auch wenn es dir schwer fällt. Hast du die Wahrheit erkannt, wirst du zum ersten Male wirklich dankbar sein.«

DANKBARKEIT

»So selbstverständlich erscheint uns das Leben, dass wir vergessen, uns täglich dafür zu bedanken. Freude ist das große Heilmittel unserer Seele, so wie Erkenntnis das Heilmittel unseres Geistes ist.

Erkenne im Zorn die Wurzel deiner Krankheiten und in der Freude ihr Mittel der Auflösung und bedenke, wie eng Dankbarkeit und Freude miteinander verbunden sind, ebenso wie Zorn und Undankbarkeit.

Dankbarkeit ist daher eines der ersten Heilmittel, das du gegen jegliche Krankheit anwenden kannst. Dankbarkeit heilt unmittelbar, wenn sie aus deinem Herzen kommt.

Jeden Augenblick dankbar zu sein ist auch ein Teil der Erleuchtung, von der wir sprachen. Sie ist ein Zustand beständiger Dankbarkeit. Deshalb ist auch der Grad an Dankbarkeit, den wir heute fähig sind zu empfinden, ein Maßstab für unsere Reife. Durch die bewusste Pflege der Dankbarkeit können wir den Zustand der Erleuchtung Schritt für Schritt herbeizaubern.

Dankbarkeit ist das großartigste Zaubermittel der Schöpfung. Nutze es, denn es kostet nichts, außer deiner Achtsamkeit, die dich zur Glückseligkeit führt.«

GLÜCKSELIGKEIT

»Ein Fisch«, begann er unser nächstes Zusammensein, »erzählt man, begab sich eines Tages auf die Suche nach dem geheimnisvollen Elixier, das ihm und allen seinen Freunden das Leben schenkt und Freude beschert.

Er schwamm durch die Weiten der Meere und befragte alle, die ihm begegneten. Doch je mehr er fragte, desto verwirrter wurde er, denn ein jeder erzählte eine andere Geschichte. Keiner konnte ihm eine Antwort geben. Er fand die Antwort weder in den seichten Gewässern der Küsten, noch in den Tiefen, in denen Riesenkraken auf ihre Beute lauerten.

Eines Tages stieß er auf einen mächtigen Wal, der gemächlich seine Runden drehte. Nie zuvor hatte der Fisch ein solch gewaltiges Wesen gesehen. Wenn überhaupt, dann konnte dieser uralte Bewohner seiner Heimat eine Antwort geben.

›Hallo‹, wagte er, den großen Wal anzusprechen, indem er sich ganz vorsichtig näherte. ›Kannst du mir sagen, wo ich das Elixier des Lebens finde?‹

›Ho‹, antwortete der alte Wal belustigt, ›welchen Mut hast du, dich mir zu nähern. Das gefällt mir.‹

Dann ließ er sich die Geschichte der Reise erzählen und begann bald so prustend loszulachen, dass das Meer in seiner Umgebung wie nach einem Vulkanausbruch schäumte.

›Warte, ich will dir das Elixier des Lebens zeigen. Du hast so viele Jahre danach gesucht, du sollst deine Belohnung erhalten.‹

Daraufhin wuchtete er ihn mit seiner Riesenflosse aus dem Wasser heraus, hoch in die Luft. Unser kleiner Fisch schnappte voller Angst und atmete begierig das Wasser, als er wieder eintauchte. Bevor er etwas fragen oder sagen konnte, wiederholte der Wal die Prozedur. Die Angst des kleinen Fisches nahm mit jedem Male zu, denn er glaubte nun, der Wal wolle ihn vernichten.

Plötzlich aber beendete der Wal die schauerliche Prozedur. Der Fisch sog gierig Wasser durch seine Kiemen, in der Sorge, sonst ersticken zu müssen.

Als der Wal ihn dabei beobachtete, lachte er wieder los und meinte:

›Und – weißt du jetzt, was das Elixier des Lebens ist? Solange hast du gesucht und dabei übersehen, dass du in jedem Augenblick deines Lebens das Elixier atmest!‹

›Aber‹, fuhr er fort, ›du gehörst wenigstens zu jenen, die sich Gedanken darüber machen und danach suchen. Es ändert zwar nichts an den Tatsachen, doch ein bisschen mehr Weisheit kommt wenigstens in die Welt. Deshalb war es mir eine Freude, dir ein wenig behilflich zu sein. Von jetzt ab gehörst du zu denjenigen, die das Elixier des Lebens bewusst genießen können.‹

Der kleine Fisch war außer sich vor Freude. Er hatte das Wasser entdeckt, das sein Lebenselixier war und das ihn all die Zeit getragen und genährt hatte.

Und wenn du irgendwann in den Weiten der Meere einem Wal begegnest, der hin und wieder auf seinem Rücken einen merkwürdigen kleinen Fisch trägt, der scheinbar keine Angst vor dem Wal und der Luft zu haben scheint und lustig durch die Wasser springt, dann bin ich sicher, dass dies unser Fisch ist, der von dem alten Wal adoptiert wurde, welcher seitdem dafür sorgt, dass ihm nichts geschieht.«

Der Mann auf der Bank lächelte. »Glücklichsein und Glückseligkeit sind wirklich faszinierende Themen, nicht wahr. Da schwimmen wir in einem Ozean der Glückseligkeit und fragen uns, wo wohl unser Glück zu suchen sei.«

»Glückseligkeit ist der höchste Glückszustand in unserem menschlichen Leben auf Erden. Sie ist das erste Geschenk Gottes. Sie ist jener Zustand, an den es sich zu erinnern gilt. Erst wenn wir dieses Ziel erreicht haben, ist unsere Mission beendet. Dieser Zustand ist viel mehr als Glücklichsein, denn er durchdringt jede einzelne Zelle.

Was aber ist der Zwilling der Glückseligkeit? Denke einen Moment darüber nach. Was ist das Gegenteil von Glückseligkeit?

Es ist der Schmerz! Er ist der Schatten der Glückseligkeit. Er existiert in Wirklichkeit genauso wenig wie der Schatten des Lichtes, das Böse und der Hass, obwohl wir ihn ebenso wie diese beiden erleben. Es ist das große Geheimnis der Existenz, dass wir Dinge erleben, die es in Wahrheit nicht gibt, und dass wir stets nur an die Existenz des momentan Empfundenen glauben.

So wie wir im Hass die Liebe in ihrer ganzen Größe erleben können, so können wir selbst im Schmerz Glückseligkeit erleben.

Wodurch sollten wir denn erfahren, dass wir vom göttlichen Weg abgekommen sind, wenn nicht durch den Schmerz? Der freie Wille, gegen unsere eigene Natur zu verstoßen, ist ein Geschenk, das wir bekommen haben, als wir vom Baum der Erkenntnis aßen.

Damit haben wir die Freiheit der Entscheidung für oder gegen unser inneres Lebensgesetz erhalten.

Aus dieser Freiheit aber resultieren unsere Freuden und Leiden, unsere Gesundheit oder Krankheit. So wie wir die Gesundheit mit Glückseligkeit erleben, erfahren wir die Krankheit durch Schmerz. Was wäre, wenn es den Schmerz nicht gäbe? Dann gäbe es für uns kein Zeichen und keinen Wegweiser für eine Richtungskorrektur.

Der Schmerz ist der fühlbare, göttliche Begleiter der menschlichen Freiheit. So unglaublich es klingt: Selbst in der Krankheit Glückseligkeit erleben zu können, macht den einzigen Wert des Schmerzes aus. Deshalb neigen wir oft unbewusst dazu, uns selbst Schmerzen zuzufügen! Aber wir können genauso wenig durch die Erzeugung von mehr Schmerzen die wahre Glückseligkeit erlangen, wie wir durch die Erzeugung von Schatten mehr Licht herbeizuschaffen vermögen.

Das Eigenartige ist, dass der Schmerz uns an jenen Zustand in uns erinnern kann, den wir Glückseligkeit nennen. Ohne ihn würden wir nicht erkennen, dass wir falsch handeln. Er erinnert uns an das, was wir eigentlich erreichen wollen: Glückseligkeit.

Glückseligkeit kennen wir aus den Bereichen vor unserer Geburt in die Materie. Wir kommen aus jenen Regionen, in denen Glückseligkeit der normale Zustand ist. Deshalb verspüren wir oft diese Sehnsucht, den Körper zu verlassen und heimzukehren. Manche nehmen sich sogar ihr Leben, weil sie sich nach Glückseligkeit sehnen. Aber wir sind auf diese Erde gekommen, um die Glückseligkeit hier und jetzt zu erleben und nicht, um uns ein glückseliges Leben im Jenseits zu erträumen.

Wozu wurde der Mensch geschaffen? Was ist das Besondere an ihm?

Das Mysterium des Menschen ist, dass er als Einziger in der Lage ist, Glückseligkeit auf Erden bewusst zu leben. Das ist der Zweck des menschlichen Daseins. Wir nennen dies auch ›*Himmel auf Erden*‹, den wir uns jedoch erst schaffen müssen, um ihn dann erleben zu können. Das ist unsere Bestimmung, der wir uns nicht entziehen können.

Glückseligkeit ist jener Zustand in unserem Bewusstsein, in dem es es kein Leid und keinen Zweifel, keine Angst und keine Sorgen, keine Unwissenheit und keine Unklarheit gibt. Dieser Zustand ist unser Geburtsrecht.

Glückseligkeit ist aber auch ein Zustand in unserem Körper. Es ist eine unserer Bestimmungen, den Körper glückselig zu machen, denn dadurch bringen wir Glückseligkeit in die Materie und erleben gleichzeitig den Wert des Menschen und des menschlichen Daseins.

Glückseligkeit ist energievolle Schwingung, die all unsere Zellen durchdringt. Sie tritt aber nur dann ein, wenn der Körper rein genug wird, diese Kraft zu ertragen, ebenso wie nur das geschützte Auge die Sonne ertragen kann.

Deshalb ist die Reinheit des Lebens die Voraussetzung für die Glückseligkeit. Je reiner jede Zelle wird, desto mehr kann jene Kraft einströmen, die wir Glückseligkeit und Liebe nennen. Wo diese Kraft hingetragen wird, ist kein Platz mehr für Leiden oder Krankheit.«

Ich dachte an all die, die in diesem Augenblick an einer Krankheit litten und wünschte ihnen, dass sie diese Glückseligkeit erfahren könnten. Dann rissen mich die Worte des Mannes aus meinen Gedanken, als er meinte, wir müssten uns heute noch mit einem weiteren Thema befassen, dem der Unsterblichkeit.

UNSTERBLICHKEIT

»Auf einer wunderschönen Wiese lebte einst eine Lilie, Triguna war ihr Name. Um die Frühlingszeit erwachte sie, bahnte sich ihren Weg durch das Erdreich und erblühte bald in drei wunderschönen Blüten.

Triguna liebte den Duft, der sie umgab, und sie fragte sich immer, woher er wohl käme. Gerne hätte sie die Quelle dieses Duftes kennen gelernt. Sie genoss ihr Leben auf der Wiese, ihr Spiel mit den Bienen, Schmetterlingen und Grashüpfern, die alle so gerne auf ihr herumtanzten.

Eines Tages aber fiel ein Schatten über sie, und ehe sie sich versah, war sie von ihrer Wurzel getrennt. Ein tiefer Schmerz überkam sie, als sie sah, dass sie plötzlich aus ihrer Zauberwelt fortgetragen wurde. Sie überhörte dabei auch die Stimme des Mädchens: ›Entschuldige, kleine Lilie, dass ich dich abgeschnitten habe, aber du bist zu schön, als dass du hier auf der Wiese vergehst.‹ Am meisten jedoch stimmte Triguna traurig, dass sie nun von dem wunderbaren Duft getrennt war, der doch ihr Leben bedeutet hatte.

Plötzlich sah sie sich in einer kleinen Kapelle in einer alabasterblauen, mit Gold verzierten Vase wieder. Vor ihr stand ein Bild, und sie stellte erstaunt fest, dass die Atmosphäre an diesem stillen Ort sie ebenfalls verzauberte. Als sie langsam wieder zu sich kam, fiel ihr etwas auf. Anfangs wusste sie nicht, was es war, dann durchzuckte es sie plötzlich voller Freude: Der Duft war wieder da!

Ganz selig schaute sie sich um, doch sie konnte nirgends eine Quelle entdecken, die einen solchen Duft ausatmen könnte. Sie war die einzige Blume in diesem Raum. Die einzige Blume! Mit einem Male erkannte sie die Quelle des wunderbaren Duftes: Sie war es selbst! Seligkeit durchströmte sie. *Sie* war die Quelle des zauberhaften Duftes, und erst der Verlust der Wiese hatte ihr dieses Wunder offenbart!

Einige Tage verbrachte Triguna noch in der stillen Kapelle, dann schlief sie selig ein. Als sie wieder aufwachte, wunderte sie sich: Sie befand sich mitten auf ihrer alten Wiese. Das neue Frühjahr war angebrochen und ihre drei Blüten waren prächtiger als je zuvor. Sie war nicht vergangen! Sie jauchzte und hätte gerne alle Falter, Käfer und Grashüpfer voller Freude umarmt. So lebte sie in diesem Sommer noch bewusster und intensiver als je zuvor und ertappte sich immer wieder dabei, wie sie sich begierig umsah, um zu schauen, ob nicht auch in diesem Jahr das Mädchen kommen und sie zur kleinen Kapelle tragen würde.«

Wir saßen auf der Bank in jenem Bergwald, der in diesen Wochen meine neue Heimat geworden war, und schwiegen. Einige Zeit, nachdem der Mann seine Geschichte beendet hatte, begann er mit sehr leiser Stimme zu sprechen.

»Wurden wir geboren, um zu sterben? Kann es sein, dass dieses Universum und unsere Schöpfer so grausam sind?

Nein! Nie gab es eine Zeit, da ich nicht existierte und du nicht existiertest, und nie wird es eine Zeit geben, da dem so sein wird. Wir sind nicht nur Kinder des Universums, sondern wir sind auch unsterbliche Kinder des Universums.

Sicherlich ist alles im Äußeren der Veränderung unterworfen, und alle Hüllen vergehen zu ihrer Zeit. Doch das, was in den Hüllen wohnt und was sich der vielfältigen Kleider der Zeit bedient, ist keiner Veränderung anheim gegeben.

Das Selbst ist sein Name und die Unsterblichkeit seine Qualität. Unfassbar ist dieses Erbe, das uns geschenkt wurde. Unfassbar ist diese Frucht des geheimnisvollen Baumes des Lebens aus jenem Garten Eden, den die Götter den Menschen scheinbar vorenthielten. Sie offenbarten die Frucht des Baumes der Erkenntnis, der unsere Freiheit und unsere Schöpferkraft für unser Schicksal bedeutet. Jetzt aber ist die Zeit gekommen, da uns eine andere Frucht geschenkt wird, und ihr Name lautet: Unsterblichkeit. In der Unsterblichkeit finden wir auch unsere Vollkommenheit.«

VOLLKOMMENHEIT

»Es gibt Menschen, die nicht daran glauben, dass wir vollkommen sein können. Sie glauben lieber den Äußerungen scheinbar weiser Menschen, die ihnen erzählen, dass niemand innerhalb unserer unvollkommenen Welt die Vollkommenheit zu erlangen vermag. Welch eine Verschwendung von Lebensqualität!

Haben die Menschen, die solchen Worten Glauben schenken, jemals darüber nachgedacht, dass dann auch jene Weisen irren könnten, da sie selbst ja die Vollkommenheit bezweifeln?

Was aber ist besser: Einem Menschen zu folgen, der die Vollkommenheit für möglich hält oder jenem, der sie anzweifelt? Entscheide dich. Wie immer hast du die Wahl.

Vollkommenheit ist unser andauernder Zustand. Nie werden wir aus dieser Vollkommenheit herausfallen, auch wenn es im Äußeren anders erscheint. Du bist vollkommen, und dein Weg besteht darin, Vollkommenheit im irdischen Dasein zu verwirklichen. Es ist unser Auftrag, gesund zu sein.«

GESUNDHEIT

»Wie erreichen wir Gesundheit? Das Einzige, was wir dafür benötigen, ist die Sehnsucht nach dem Leben.

Was aber ist Gesundheit? Zu viele verschiedene Meinungen haben dazu geführt, dass wir bis heute keine wirkliche Vorstellung davon haben.

Gesundheit ist identisch mit Heilsein, das wiederum eins ist mit Heiligkeit. Die Angst vor diesem Wort ist nicht berechtigt. Sie zeigt uns nur, dass wir Schuldgefühle haben. Wir glauben, wir seien schuldig, weil wir unsere innewohnende Göttlichkeit nicht verwirklichen können. Wir scheuen uns daher vor Heiligkeit und messen sie anderen zu, die scheinbar Großes bewirkt haben.

Heiligkeit aber wohnt in jedem von uns, und es gibt keinen Anlass für Schuldgefühle, die uns nur krank machen. Habe keine Angst vor deiner Heiligkeit, denn sie ist die Gesundheit, nach der du dich sehnst.

Doch glaube nicht, dass es Gesundheit nur im Körperlichen gibt. Gesundheit ist die Ganzheit des Lebens, die Heiligkeit des Lebens, und diese schließt unseren Geist mit ein. Es ist eine große Beruhigung zu wissen, dass unsere Freiheit unser Schicksal erzeugt und dass sich daraus unsere Krankheiten und Leiden ergeben. Das bedeutet, dass unser Geist die Krankheiten schafft und er sie ebenso wieder auflösen kann. Die Heilmittel liegen also in uns selbst verborgen, und wir haben sie jetzt alle kennen gelernt: Liebe, Achtung, Dankbarkeit, Wahrhaftigkeit und all jene Kostbarkeiten aus der Schatzkammer unseres Selbst, die uns Heilung versprechen.«

HEILUNG

»Heilung ereignet sich auf dem Wege zu dir selbst, sie ist dein Weg zum Heilsein, zu deiner Heiligkeit.

Wir sollten uns bewusst werden, dass Heilung in jedem Moment stattfindet. Unser wunderbarer Körper heilt in jeder Sekunde all die vielen Wunden, die wir ihm zufügen. Auch dafür ist er konstruiert worden. Viele tausend Verletzungen fügst du ihm in kurzer Zeit zu, auch wenn du dir äußerlich keinen Schaden anrichtest, und wie oft haben wir ihm für die Heilung gedankt?

In Zusammenarbeit mit all den Kräften, die in ihm wirken, heilt er all die entstandenen Wunden. Ein großes Vertrauen können wir daraus schöpfen, denn wir können uns darauf verlassen, dass diese Kräfte uns zu allen Zeiten zur Verfügung stehen. Es liegt an uns, sie einzusetzen.

Wir fragen und suchen nach Heilmitteln für unsere Krankheiten. Ich habe dir die wichtigsten mit auf den Weg gegeben, gerade jene, die wir am wenigsten als solche erkennen und daher meist achtlos liegen lassen, anstatt zu nutzen. Sie stehen uns alle kostenlos zur Verfügung.

Sie anzuwenden bedeutet, den Weg zu unserem Erbe anzutreten. Unsere Erbgüter liegen dort, wo unsere wahre Heimat ist, die wir nie verloren haben, an jener Quelle, die aus reinem Geist besteht und von dem aus das Leben wirkt.

So trinke aus dieser Quelle, die dir keine Heilung verwehrt. Vertraue und glaube. Es geht um wirkliche Heilung und vollkommene Gesundheit.«

»Das ist unsere Bestimmung?«, fragte ich unvermittelt.

Er schwieg und meinte dann: »Deine Bestimmung wird sich dir offenbaren.«

BESTIMMUNG

In dieser Nacht hatte ich einen Traum. Es war, als sähe ich das ganze Universum auf einer riesigen Leinwand vor mir. Es offenbarte sich in seiner ganzen Schönheit und Pracht. Ich erkannte Galaxien, die in wunderbaren Bahnen majestätisch durch eine Welt zogen, die wie ein riesiger Ozean aus Licht erschien.

Ich sah, wie Galaxien sich zu ganzen Haufen vereinigten und wie sie unzähligen Fischen gleich im Ozean durch das Lichtermeer schwammen. Ich spürte, wie das Leben in ihnen pulsierte und sich alles in perfekter Harmonie zusammenfügte. Dann zeigte sich in diesem Bild, das in prächtigen Farben gemalt war, dass auch innerhalb dieser Galaxien, in der Fülle der Sterne und Sonnensysteme mit ihren unzähligen Planeten eine vollkommene Einheit herrschte, in der alles seinen genau bestimmten Platz hatte. Es war offensichtlich, dass es ein Kunstwerk und alles darin wohl überlegt war.

Plötzlich erkannte ich in diesem unendlichen Ganzen einen winzigen schwarzen Fleck. Obwohl er unendlich klein gegen die Größe des Alls erschien, fiel er doch sofort auf. Er störte die Harmonie. Es war, als ob das ganze Universum darauf wartete, dass auch dieser Fleck von Licht durchdrungen wurde, weil nur dann die Vollkommenheit perfekt sein würde. Ich wunderte mich sehr darüber, dass ein so winziger Fleck eine solche Bedeutung haben konnte.

Deshalb näherte ich mich dem Fleck, um genauer hinzusehen, doch plötzlich tauchte neben mir der Eremit auf. Er hob seine Hand und deutete auf den Fleck:

»Das bist du. Dies ist dein Platz im großen Welten-werke, vom Schöpfer seit Urzeiten angestammt. Du hast richtig gesehen: Das Universum wartet auf dich. Es kann nur dann vollkommen sein, wenn du dein Licht gefun-den und deine Vollkommenheit entdeckt hast. Das ist deine Größe und Bestimmung. Solange wir nicht voll-endet sind, solange wird das große Werk auf seine letztli-che Erfüllung warten.«

Ich wachte schweißgebadet auf. Der Traum hatte mich erschreckt und erfreut zugleich. Zum ersten Mal in meinem Leben erfasste mich eine Ahnung von dem, was unser Wesen ist und unsere Bestimmung.

DIE GEHEIMNISSE

»Ich habe dir nun mitgeteilt, was ich in meinem Leben begreifen durfte und was mich zu dem gemacht hat, was ich heute bin«, begann er unser letztes Treffen.

»Ich will dir nicht von dem Leid erzählen, das ich durchlebt habe, von den Enttäuschungen und Schmerzen, von meinem Wahn, meinem Starrsinn und meiner Eitelkeit. Das alles ist nicht von Bedeutung. Bedeutsam ist für mich die Tatsche, dass nur Liebe wahre Existenz hat, dass unser Leben unendlich, ewig und unbegrenzt ist, und dass wir erst dann leiden oder krank werden, wenn wir uns dem unendlichen Erbe widersetzen und uns für die Begrenzung entscheiden.

Wenn wir also glauben, nur ein wertloser, vergänglicher Wurm in einem rein materiellen Universum zu sein, dann beginnt unser Leiden.

Ich jedoch habe begriffen und erfahren, wer ich bin und was mein Erbe ist:

Ich bin ein Kind des Universums.
Ich bin ein Kind Gottes.
Ich bin ein Kind der Fülle.
Ich bin ein Kind des Lebens.

Das ist es, was wir zu allererst verstehen müssen. Als ein Kind dieses Universums habe ich Anspruch auf jedes Erbe, das Gott zu bieten hat. Unser Schöpfer hat dieses Universum hervorgebracht. Dieselbe Schöpferkraft wohnt in uns und gewährt uns unendliche Möglichkeiten. Das ist unser Erbe und auch die Botschaft, die ich weiterzugeben habe. Nun bist du an der Reihe, dich anzuschließen.

Du wirst Menschen erleben, die sich nach dieser Botschaft sehnen, die ihnen ein wertvoller Schritt zur Heilung sein wird. Doch es werden auch viele da sein, die diese Worte ablehnen werden und noch keinen Zugang dazu finden. Lasse dich dadurch nicht entmutigen.

Ich danke dir, dass du mir deine Zeit geschenkt hast, und ich werde mich freuen, dich eines Tages wiederzusehen. Lass uns beide hoffen, dass ich dich dann als eine befreite und heil gewordene Seele begrüßen darf.«

»Denke aber immer daran«, fügte er noch hinzu, »ein jeder Mensch ist wie du ein freier Geist und kann zu nichts gezwungen werden. Ein jeder muss seinen Weg in Freiheit gehen. Daher hilft kein Drängen und Fordern. Es hilft nur, in aller Liebe das zu sagen und zu tun, was du als richtig erkannt hast.

Alle Menschen sind frei, aber diese Freiheit gewährt nicht nur Rechte, sondern fordert auch Verantwortung für unser Handeln. Ich würde mir wünschen, dass alle Menschen das erleben könnten, was mir gewährt wurde, denn ich sehe täglich, dass sie unnötig leiden. Doch ich weiß, dass dies jeder Seele gemäß ihres Wunsches zu der von ihr bestimmten Zeit gewährt werden kann. So bleiben uns zuletzt nur die Demut und die Geduld, und es verbleibt das Wissen, dass alles in Ordnung ist und alles seinen Weg in Gerechtigkeit geht.«

Er sah mich mit einem lächelnden Blick an, erhob sich dann und ging ohne weitere Worte seines Weges. Ich hätte ihn gerne festgehalten, doch in diesem Moment wurde mir klar, dass er und ein jeder von uns seinen eigenen Weg zu gehen haben. An mir war es nun, diese Worte, die ich niedergeschrieben hatte, zu verstehen, und sie so bald wie möglich zu leben.

Chao-Hsiu Chen
Der Meister
Die Suche nach dem Schatz des Lebens

184 Seiten mit zahlreichen Tuschezeichnungen,
Broschur, ISBN 3-89631-384-3

Auf spannende und einfühlsame Weise beschreibt
Chao-Hsiu Chen die Reise eines Meisters der Weisheit durch
das alte China. Auf dieser lernt nicht nur der Schüler des
Meisters, sondern auch der Leser, wie es trotz aller widrigen
Umstände gelingen kann, zur Meisterschaft des Lebens
zu gelangen, in der man jener Weisheit teilhaftig wird,
die zu Erkenntnis und Vollendung des Glücks führt.
Eine Quelle der Inspiration und eine literarische Kostbarkeit.
»Jeder Mensch trägt große Weisheit in sich, doch niemand findet
diesen uralten Schatz, weil er unter Bergen von Leid verschüttet
liegt. Aber wenn man lernt, das Geröll aus Kummer und
Schmerz zu entfernen, dann sieht man den Schatz im Licht der
ewigen Sonne glänzen. Die gefrorenen Tränen des Lebens werden tauen und Weisheit und Glückseligkeit werden erwachen.«